쫄지 마,
더 잘할 수 있어!

명언 속 진리를 실천하면 행복과 성공이 저절로!

졸지 마,
더 잘할 수 있어!

*
미루는 버릇 떨쳐내기
*

석필 지음

창해

미루기 버릇을 고치려면 죽었다 살아나야 한다.

If you ask me, reincarnation is
just another way to procrastinate.

- 척 팔라닉(Chuck Palahniuk, 소설가)

미루는 버릇 떨쳐내기

미루게 되면 행복도 미루어진다.

When we procrastinate, we also put a hold on happiness.

- 찰스 글래스먼(Charles. Glassman, 의사)

어떤 아가씨나 청년에게 프러포즈를 할까 말까 망설이는 것은 문제가 되지 않는다. 사랑을 성급하게 고백한 것이 고리가 되어 마음에 들지 않는 이성을 배우자로 끌어들여 평생 후회하며 살 수도 있는 것이다.

자동차 회사가 연구진이 개발한 어떤 모델을 생산할까 말까 결정을 미루는 것도 그리 문제가 되지 않는다. 깊은 고민 없이 생산에 들어갔다가 회사가 망할 수도 있는 것이다.

정부가 어떤 정책의 실시를 망설이는 것도 문제가 되지 않는다. 충분한 연구나 토론 없이 정책을 실시했다가 잘살던 나라가 가난한 나라로 전락하기도 한다.

　　하지만 할 일을 하지 않고 미루면 아주 심각한 문제를 야기한다. 공부를 몇 시간 미루었다가 미루는 것이 습관이 되면 사회의 낙오자로 전락한다. 작가가 글쓰기를 미루면 신뢰를 잃어 아무도 일을 맡기지 않게 되고, 그로 인해 가난해져 자신과 가족이 고통을 받는다.

　　나는 미루기가 얼마나 나 자신과 주변에 해악을 주는지 치가 떨리도록 깨달은 사람이다.

　　미루기는 매우 고통스러운 과정이다. 미루면 몸과 정신이 편할 것 같은데, 사실은 그 반대로 초주검이 된다. 그리고 죄책감이 들면서 변명거리를 찾게 된다. 세상 사람들은 그런 나를 향해 '비겁자', '거짓말쟁이'라고 손가락질한다. 그런데 나는 왜 이렇게 고통스러운 데다 사람들의 지탄을 받는 미루기의 길로 들어섰던 것일까?

미루기는 자기 파괴의 씨앗이다.
Procrastination is the seed of self-destruction.
- 매튜 버튼(Matthew Burton, 자기계발전문가)

나는 자서전 대필을 맡고 이 핑계 저 핑계를 대며 질질 끌다가 마감일이 다가오자 잠수를 탄 적도 있다. 일을 맡긴 사람은 얼마나 가슴을 졸였을까?

전화를 끄고 어딘가에 틀어박힌 작가도 마음이 불안해서 잠을 이루지 못한다. 그 일을 해내지 않으면 계약금을 돌려줘야 하는데, 작가에게 그 돈이 남아 있을 리 없다. 결국 그 일을 해내도 이미 신뢰를 잃은 상태다. 즉, 인생을 망친 것이다.

　내가 살아보니 미루는 버릇은 살인자 못지않게 사악하다. 죽을 때까지 인간의 몸에서 떨어지지 않으려 한다. 내가 왜 이런 말을 하는지 알 사람은 다 안다. 미루는 버릇은 악귀처럼 달라붙어 우리를 지옥으로 끌고 간다. 그 악귀를 떨쳐내려면 스스로 그 악귀보다 더 지독해져야 한다. 이를 악물고 지금 당장 해야 할 일을 시작해야 하는 것이다. 그래야 산다.

> 미루기가 치명적으로 나쁜 이유는 습관으로 악화될 수 있다는 것이다. 우리는 우리의 삶을 오늘만 연기할 수 있는 것이 아니다. 죽을 때까지 미루게 되는 것이다.
>
> The most pernicious aspect of procrastination is that it can become a habit. We don't just put off our lives today; we put them off till our deathbed.
>
> – 스티븐 프레스필드(Steven Pressfield, 작가)

● 미루기의 정의*

최우선의 행동보다는 그리 중요하지 않은 행동 혹은 즐거움을 주는 행동을 먼저 취해 중요한 업무를 나중으로 연기하는 것. 혹은 행동의 지연으로 사정이 악화될 것을 예상하면서도 취해야 할 행동을 의도적으로 지연하는 것.

---

*Newton, P. (2014) How to Overcome Procrastination. bookboon.com.

차례

기다리지 마라.
최고의 타이밍은 결코 오지 않는다.
Don't wait. The time will never be just right.

– 나폴레온 힐(Napoleon Hill, 동기부여전문가)

모든 것을 알 때까지 기다리는 사람은 아무것도 하지 않는 사람이다.

The man who waits to know everything is
the man who never does anything.

- 크레이그 D. 란스브러(Craig D. Lounsbrough, 심리카운슬러)

완벽한 시간 따위는 없다

> 결국… 우리는 우리에게 다가왔던 기회를 놓친 것을 후회하게 될 것이다.
> In The End… We only regret the chances we didn't take.
> – 루이스 캐럴(Lewis Carroll, 작가/수학자)

초등학교만 나와 검정고시를 수석으로 통과하고 서울대에 들어가 졸업한 사람을 알고 있다. 그는 집안이 지독히 가난해서 또래들이 중고등학교 다닐 나이에 남의 돼지 농장, 닭 농장에서 일했다. 도무지 공부할 시간이 없었는데도 그는 검정고시에서 수석을 했다.

어떻게 공부했을까? 그는 일을 할 때 항상 책 내용을 머릿속으로 복습했다. 생각이 나지 않을 때는 주머니에서 책을 꺼내 그 부분을 확인한 뒤 다시 머릿속으로 복습했다. 그는 이런 식으로 하루 18시간 이상을 공부할 수 있었다.

내가 고등학교 다닐 때 강원도 촌놈이 편입해 왔다. 녀석은 첫 학기부터 전교 1등을 했다. 모두 깜짝 놀랐다. 녀석의 공부 비법은 '항상 공부하는 것'이었다. 녀석은 책을 낭독해서 녹음한 테이프를 등하굣길에 늘 듣고 다녔다.

시간을 가리지 않고 공부하는 이런 사람들을 어떻게 이길 수 있겠는가.

기분이 좋은 날에만 일한다면 많은 것을 얻어낼 수 없다.

You can't get much done in life if you only work on the days when you feel good.

- 제리 웨스트(Jerry West, NBA 전설)

끝내는 것이야말로 위대한 일을
성취하는 사람과 몽상가를 구분하는 잣대이다.

Following-through is the only thing that separates
dreamers from people that accomplish great things.

- 진 헤이든(Gene Hayden, 커뮤니케이션전문가)

작가들의 변명

모든 작가가 가장 잘하는 것은 글 쓰지 않을 방법을 찾는 것이다.
The thing all writers do best is find ways to avoid writing.
– 앨런 딘 포스터(Alan Dean Foster, 소설가)

　세상에서 약속을 가장 안 지키는 직업은 작가다. 신문방송 쪽에선 죽이 되든 밥이 되든 무조건 일정 분량의 글을 생산해내야한다. 하지만 출판계는 약속을 안 지키는 일이 다반사다.

　국내의 어느 유명 작가는 마감일보다 5년이나 늦게 원고를 넘겨 출판사로부터 소송을 당했다. 나도 마감을 무척 안 지키는 작가로 소문이 났다. 오래전 어느 작가가 마감 기한을 안 지키지만 원고는 완벽하게 써서 제출한다는 소리를 듣고 나서부터 나도 그렇게 됐다.

작가들은 편집자에게서 연락이 오면 온갖 핑계를 댄다. 어머니가 병원에 입원하셨다, 자료를 더 찾고 있다, 컴퓨터 하드디스크가 망가졌다…….

다섯 권짜리 실화소설을 대필할 때였다. 어느 작가에게서 원고가 늦어진다는 연락을 받은 출판사 사장이 짜증을 냈다.

"하드디스크가 죽었다네요. 이놈도 저놈도 다 하드디스크가 망가졌대."

그때 나는 말했다.

"그걸 누가 곧이듣는다고? 그런 사람들하고는 거래하지 마세요."

그러고 나서 얼마 뒤 사건이 벌어졌다. 5권을 다 끝내고는 플로피디스크에 저장을 하지 않은 채 기분 좋게 잠이 들었다. 그런데

가장 비생산적인 사람들은 회의 여는 것을 가장 좋아한다.
The least productive people are usually the ones who are most in favor of holding meetings.
- 토머스 소웰(Thomas Sowell, 경제학자)

자고 일어나 보니 하드디스크가 망가져 있었다! 나는 내 말이 변명이 아니라 진실이라는 것을 증명하기 위해 컴퓨터를 들고 출판사로 달려갔다. 하지만 출판사 직원들은 내가 고의로 컴퓨터를 고장 냈다고 생각했을 것이다.

변명 중에서도 가장 추접스러운 변명은 게으름을 감추기 위한 변명이다. 출판계 쪽 일을 하다 보면 게을러지기 쉽다. 자기통제가 가능하지 않은 작가들은 일부러라도 쓰고 있는 글을 수시로 출판사에 보내서 스스로에게 압박감을 주는 것도 나쁘지 않다.

미루면 남는 것이 없게 된다.
In delay there lies no plenty.
– 윌리엄 셰익스피어(William Shakespeare, 극작가)

미루는 사람들의
유형

잘못된 결정보다 미루는 것이 훨씬 더 위험한 경우가 많다.
Often greater risk is involved in postponement than in making a wrong decision.
- 해리 아서 호프(Harry A. Hopf, 경영학자)

심리학자 린다 사파딘(Linda Sapadin)* 박사는 미루는 버릇이 있는 사람을 6가지 유형으로 분류했다.

완벽주의자형 목표를 높게 잡고 그것을 이루지 못할까 봐 걱정한다. 열심히 일하지만 끝내지 못하거나 아예 시작도 하지 못

---

*Sapadin, L. & Maguire, J. (1999). Beat Procrastination and Make the Grade: The Six Styles of Procrastination and How Students Can Overcome Them. Penguin Books.

한다.

　해결책 자신에게 완벽주의 성향이 있음을 인정한다. 일을 시
　작하기 전 현실적인 목표를 세운다.

몽상가형 목표를 세우고 계획을 짜는 데는 천재지만, 일을 시작
하면 가혹한 현실에 부딪혀 좌절한다.

　해결책 자신이 뛰어난 능력의 소유자가 아니라는 것을 인정
　하고 실행 가능한 계획을 짠다. 육체적·정신적으로 심한
　스트레스가 유발되지 않게 한다.

노심초사형 '만일 ~이 벌어지면 어떡하지?'가 머리에서 떠나지
않는다. 변화를 거부하고 결정 내리기를 회피한다.

　해결책 결정을 내리지 않는 것도 결정으로 받아들인다. 한 번
　의 결정으로 인생이 달라질 수 있다는 점에서 중요한 것은
　결정을 미루고 더 깊이 생각하고 다른 사람들의 의견도 들
　어본다.

위기유발형 막바지에 몰려 압박감에 눌려야 몸에서 아드레날린
이 솟구쳐 일에 매진할 수 있다고 말한다.

미루기는 과거를 붙들고 늘어지는 예술이다.

Procrastination is the art of keeping up with yesterday.

– 돈 마퀴스(Don Marquis, 유머작가)

해결책 최후의 순간에 받는 스트레스보다는 왜 그 일을 해야 하는지에 초점을 맞춘다. 막상 일을 시작하면 일하는 재미를 느끼게 된다.

반항자형 마감일이나 기대치에 반기를 든다. 과제 제출 마감일을 무시하고 제멋대로 늦게 내서 낮은 점수를 받으면 교수에게 불만을 가지는 식이다. 약속 기일까지 일을 마치지 못한 원인을 본인보다는 주변 환경으로 돌린다.

해결책 자신이 무리 없이 해결할 수 있을 만큼 책임을 진다. 어려운 일에는 시간과 노력이 예상보다 더 많이 들어간다고 생각해야 한다.

지나치게 일을 많이 받는 형 싫다고 말할 수 없거나 자신의 능력을 과신해 들어오는 일은 일단 받고 본다. 당연히 그 일을 다 해낼 재간은 없다.

해결책 자신이 가장 잘할 수 있는 일과 자신의 능력으로 해낼 수 있는 만큼의 일만 맡는다. 해낼 수 없는 제안에는 '노(No)'라고 말한다.

행동이야말로 모든 성공의 기본적인 열쇠이다.
Action is the foundational key to all success.
- 파블로 피카소(Pablo Picasso, 화가/조각가)

행동을 취하는 것만으로도 또는 특정 상황에 관련된 일을
시작하기만 해도 스트레스가 해소되면서
상황을 호전시키는 데 도움이 된다.

Often just by taking action,
by doing something about the situation can relieve
the stress and help correct the situation.

– 캐서린 펄시퍼(Catherine Pulsifer, 작가)

내가 운전면허증을
따지 못한 이유

언제라도 할 수 있는 일은 결코 완성되지 않는다.
What may be done at any time will be done at no time.
– 스코틀랜드 속담

　나는 어려서부터 운전면허증은 꼭 있어야 한다고 생각했다. 그런데 이 나이가 되도록 운전학원에 가본 적이 없다. 마음만 먹으면 한 달 만에 면허증을 딸 수 있다고 생각해왔는데도 말이다.

　나는 중학교 다닐 때부터 영어와 일본어는 할 줄 알아야 한다고 생각했다. 그런데 영어는 탁월하게 잘하지는 못해도 대충 소통이 가능하지만, 일본어는 가타카나도 모른다. 그래서 일본에 대한 글을 쓸 때는 한글이나 영어로 번역된 문헌이 없으면 속수무책이다.

우리는 지금 시간이 없다.
그러면서도 앞으로는 모든 것이 달라질 것이라고 자신을 속인다.
내일은 아직 시작도 하지 않은 일을 끝낼 것이라는 환상 속에서 산다.
당신은 삶을 내일로 미루는 것을 멈춰야 한다.

We don't have time now, but we fool ourselves thinking
that everything will be different in the day to come.
You are living a fantasy believing you will finish tomorrow,
what you haven't even started yet.
Stop postponing your life until tomorrow.

– 구스타보 라제티(Gustavo Razzetti, 컨설팅회사 CEO)

1998년에 출간된 《우리는 사소한 것에 목숨을 건다》가 베스트셀러가 되었다. 그 책을 보면서 나는 이렇게 생각했다.

'내가 쓰고 싶었던 것을 그대로 썼군.'

2014년에 출간된 《미움받을 용기》를 보면서 또 이렇게 생각했다.

'나도 이렇게 생각해왔는데……'

누구나 할 줄 아는 일이라도 내가 하지 않으면 영원히 내 것이 되지 않는다.

써라. 무엇을 쓰는지에 대해서 입을 다물어라. 당신의 엄청난 아이디어를 나에게 발설하지 마라. 나에게 '언젠가'를 남발하지 마라. 의자에 엉덩이를 붙이고 앉아 손으로 쓰든지 타이핑하든지 키보드를 두드려라. 당신에게 재능이 있다면 영어에 실수가 있더라도 세상 빛을 볼 것이다.

Write. Don't talk about writing. Don't tell me about your wonderful story ideas. Don't give me a bunch of 'somedays'. Plant your ass and scribble, type, keyboard. If you have any talent at all it will leak out despite your failure to pay attention in English.

- 글렌 쿡(Glen Cook, 공상과학작가)

내 충고는 오늘 할 수 있는 일을 절대 내일로 미루지 말라는 것이다.
미루기는 시간 도둑이다.

My advice is to never do tomorrow what you can do today.
Procrastination is the thief of time.

– 찰스 디킨스(Charles Dickens, 소설가)

목표는 작게 잡고, 반드시 실행한다

> 수많은 '갑자기' 찾아온 기적들은 성실함의 차분한 순간이 결합해서 나타난 것이다.
>
> Many "suddenly" miracles are made of quiet moments of faithfulness.
>
> – 안드레나 소여(Andrena Sawyer, 기업가)

아무리 게으른 학생이라도 하루에 영어책 한 페이지는 읽고, 해석하고, 베껴 쓸 수 있다. 한 번이 아니라 서너 번 할 수 있다.

아무리 게으른 학생이라도 하루에 수학 교과서 한 페이지는 완전히 소화할 수 있다. 조금 더 부지런하면 과학 교과서도 그런 식으로 공부할 수 있다.

누구라도 언제라도 할 수 있을 것 같지만, 학년이 다 끝난 뒤 영어 교과서, 수학 교과서, 과학 교과서를 다 이해하는 학생은 1천 명 중 한 명도 안 될 것이다. 대개는 절반도 이해하지 못할 것이다.

출발하는 방법은
말을 멈추고 일하기 시작하는 것이다.

The way to get started is to quit talking and begin doing.

- 월트 디즈니(Walt Disney, 만화영화제작자)

'하루에 영어 한 페이지, 수학 한 페이지만 착실히 공부했으면 지금은 다 알고 있을 텐데' 하고 후회한다.

학기가 시작되면 하루에 엄청난 분량을 공부할 것처럼 의욕이 불타오르지만, 그런 열정은 며칠 안에 흔적도 없이 사라진다. 처음부터 실천할 수 없는 목표를 세웠기 때문이다.

영어 회화를 가장 빨리 배우는 방법이 있다. 하루에 영어 대사를 한 마디씩만 암기하는 것이다. 그다음 날에는 다른 대사를 외우고, 전날 암기한 것은 한 번 읽어주는 식으로 365일을 보내면 외국 사람과 소통하는 데 아무런 문제가 없다.

실천하려면 하루치 목표를 작게 잡아야 한다.

미루기 버릇의 극복은 더 많은 일을 억지로 일정에 꾸겨 넣는 것이 아니라 가장 중요한 일을 할 수 있는 시간이 확보되도록 일정을 단순화하는 것이다.

Overcoming procrastination is not, I repeat, not about cramming additional work into your day … overcoming procrastination is about simplifying your life to make space for the activities that matter most.

– 리치 노튼(Richie Norton, 저술가)

미룰 때 명심해야 할 두 가지가 있다.
1) 오늘 하라.
2) 내일이 오늘이 되고, 또 다른 내일 역시 오늘이 된다.

The two rules of procrastination; 1) Do it today.
2) Tomorrow will be today tomorrow.

- 미상

'내일'에 속지 않는 방법

세상에서 노동 없이 생겨나는 것은 단 하나도 없다.
Nothing is born into this world without labor.
- 롭 리아노(Rob Liano, 비즈니스전략가)

 공부를 해야 하는데 오늘은 피곤해서 내일로 미루고 싶어진다. 내일은 피곤하지 않을 테니 오늘 못한 것까지 합쳐 두 배로 공부하면 된다. 내일이 오늘이 됐다. 그런데 어제만큼 또 피곤하다. 하루만 더 쉬자. 내일은 정말 피곤하지 않을 것이다. 3일치 분량을

그 어떤 사람도 내일을 보장받지 못한다.
Tomorrow is promised to no one.
- 클린트 이스트우드(Clint Eastwood, 영화배우/영화감독)

공부할 수 있을 것이다. 그렇게 일주일만 지나면 계획을 포기하게 된다.

장담하는데, 이런 식으로 내일, 내일 하다가는 내일을 찾을 필요 없는 노인이 된다. 나도 내일을 찾다가 어느새 이 나이가 되었다. 10대 때부터 내일을 찾았으니 수십 년 동안을 내일만 찾은 셈이다. 언뜻 긴 시간 같지만, 옛날 사람들 말대로 눈 깜짝할 사이에 직행해 온 것 같다.

나는 자신 있게 말할 수 있다. '내일은 할 수 있다'는 말은 속임수라고.

'내일'에 속지 않는 방법이 있다. 해야 할 일을 '지금' 하면 된다. 공부나 일에 몰두하면 피곤한 줄 모른다. 공부나 일을 하기 전에는 항상 피곤하다. 피곤을 떨쳐버리려면 그냥 일에 달려들면 된다.

나의 가장 큰 후회는 한 단어로 표현할 수 있다. 미루기가 바로 그것이다.

My biggest regret could be summed up in one word, and that's procrastination.

- 론 쿠퍼(Ron Cooper, 예술가)

자, 지금은 꿈꾸기를 그만두고 그 꿈을 찾아 출발할 시점이다!

It's time to stop following your dreams and time to start chasing them!

- 하비브 아칸데(Habeeb Akande, 작가)

내일엔
또 다른 일이 생긴다

모레 해도 되는 일이 있다면 절대 내일까지 연기하지 말고 오늘 끝내라.

Never put off till tomorrow what may be done day after tomorrow just as well.

– 마크 트웨인(Mark Twain, 소설가)

오늘 할 일을 내일로 미루려는 이유 중 하나는 내일에는 별일이 없을 것이라 예상하기 때문이다. 하지만 현실에서는 매일매일 새 일이 생기기 마련이다.

새 일이 생기지 않더라도 오늘의 일을 내일이나 모레로 끌고가는 것은 비경제적이다. 예를 들어 하루에 10만 원을 받고 끝낼일을 3일에 걸쳐 한다면 하루의 수고로 얻는 돈은 3만 3천 원밖에 안 된다. 게다가 남들에게 성실하지 못하다는 인상을 줄 수도있다. 그러니 여러모로 손해다. 하지만 마감이 모레인 일을 오늘

그리스도를 믿기보다 내일을 믿는 것은
인간을 지옥으로 떨어뜨리려는 사탄의 술책이다.

Faith in tomorrow, instead of Christ, is
Satan's nurse for man's perdition.

– 조지 B. 치버(George B. Cheever, 저술가)

끝낸다면 모레에는 다른 일을 할 수 있다. 생산성이 두 배나 올라간다.

2년 전 여름의 어느 일요일, 냉장고가 고장 나서 S전자 홈페이지 A/S 센터로 수리 신청을 했다. 나는 당연히 월요일에 올 줄 알았다. 그런데 1시간 만에 전화가 왔다. 지금 오겠다는 것이다.

"일요일에도 근무하세요?"

내 질문에 A/S 기사가 친절하게 대답했다.

"우린 S전자에서 하청을 받아 이 지역을 담당하는 업체예요. 어차피 해야 할 일인데 빨리 하고 내일은 다른 일을 하면 더 좋잖아요."

나는 일요일에 즉시 달려와준 것이 고마워 그가 극구 사양을 하는데도 수리비를 조금 더 올려주었다.

내일을 위한 최고의 준비는 오늘 최선을 다하는 것이다.
The best preparation for tomorrow is doing your best today.
- H. 잭슨 브라운 주니어(H. Jackson Brown Jr., 작가)

마지막 순간에 몰아치기로 모든 일을 해낼 수 있다고 믿는다면
지금 당장은 손가락 하나 까닥할 필요 없다.
당신은 이미 비가 쏟아지기 시작해서야
방주를 지을 생각을 하게 될 것이다.

If you believe you can accomplish everything
by "cramming" at the eleventh hour,
by all means, don't lift a finger now. But you may think twice about
beginning to build your ark once it has already started raining.

- 맥스 브룩스(Max Brooks, 작가)

학생들의 공부 미루기 버릇

평가를 받기가 두려우면 미루기 위한 변명을 궁리해낸다.

We are so scared of being judged that we look for every excuse to procrastinate.

– 에리카 종(Erica Jong, 작가)

다음은 미국의 한 대학에서 공부를 미루는 학생들을 지도하기 위해 마련한 상담 자료다.[*]

공부를 미루는 학생들의 특성

:: 공부를 특정일까지 마칠 수 있다고 낙관적으로 생각한다.

---

[*]Overcoming Procrastination. (n.d.). Student Success Center, University of Southern Maine. https://usm.maine.edu/sites/default/files/learningcommons/03.Overcoming-Procrastination.pdf.

:: 자신이 어떤 공부를 해야 하는지 잘 안다. 하지만 어떻게 할지는 잘 모른다.

:: 자신은 압박을 받아야 공부를 가장 잘한다고 믿는다.

하지만 현실은

:: 지금 궁지에 몰렸다. 다른 대안이 없다.

:: 건강에 지장이 있을 정도로 걱정이 된다.

:: 나에게는 두 가지 결과만 있을 뿐이다. 공부를 성공적으로 마치거나 아니면 낙제!

:: 공부 진도는 나갈 수 있지만, 자유를 잃었다.

공부를 미루는 이유

:: 어렵다 : 인간은 본능적으로 어려운 일은 피하고 쉬워 보이는 일을 하기를 좋아한다.

:: 시간이 오래 걸린다 : 숙제나 공부하는 데 엄청난 시간이 필요한데, 지금 나는 그 정도의 시간을 낼 수 없다.

분명히 말하지만, 미루기는 자기 파괴 방법 중에서 인간이 선호하는 방법이다.

Procrastination is, hands down, our favorite form of self-sabotage.

- 알리스 코닌-실비(Alyce Cornyn-Selby, 비즈니스컨설턴트)

:: 지식이나 기술이 없다 : 아무도 실수하기를 바라지 않는다. 어떻게 하는지 방법을 터득할 때까지 공부하는 것을 미루자.

:: 공포 : 나만 공부 방법을 모르는 게 아니라 모두 다 그럴 것이다. 다들 결과가 엉망일 텐데 뭘.

학자의 가장 큰 약점은 미루면서 자료 조사 중이라 말한다는 것이다.

The scholar's greatest weakness: calling procrastination research.

- 스티븐 킹(Stephen King, 소설가)

내가 지금 해야 할 일보다 다른 일이 더 좋아 보이는 법이다.

Anything is better than doing what I'm supposed to be doing.

– 모린 존슨(Maureen Johnson, 소설가)

지금 해야 할 일보다 다른 일에
더 시간을 쓰면 반드시 망한다

어느 일을 특정한 때에 해야 한다는 생각을 버리면 누구라도 상당한 분량의
일을 할 수 있다.

Anyone can do any amount of work, provided it isn't the work he is
supposed to be doing at that moment.

– 로버트 벤출리(Robert Benchley, 영화배우/유머작가)

미루는 사람들은 최우선적인 일보다는 지금 당장 할 필요가 없거나 자신의 삶에서 그리 중요하지 않은 일로 시간을 허비한다. 예를 들어 내일 영어 시험이 있는데 친구 아버지가 돌아가셨다는 소식을 듣고 장례식장으로 달려가면서 이렇게 자위한다.

'친구 가족에게 조의를 표하는 것이 시험을 잘 치는 것보다 훨씬 가치 있는 일이야. 부고를 듣고도 안 가면 도리가 아니지.'

내가 성적이 안 좋았을 때를 회고해보면, 영어 시험이 닥쳐오면 수학 공부를 하고 싶고 수학 시험이 닥쳐오면 영어나 다른 과목을 공부하고 싶었다. 미국에서 공부할 때는 유학 올 후배들을 위한답시고 공부는 제쳐놓고 도서관에 틀어박혀 전공별로 뛰어난 미국 대학의 순위와 특성을 정리하는 한심한 짓을 한 달이나 했다. 그것은 내가 할 일을 하지 않은 데 대한 죄책감을 조금이나마 덜고 싶어서 한 일이었다. 즉, 자기기만이었다. 그 때문인지 나는 미국 대학에 대해서는 누구 못지않게 훤하다.

내가 글을 쓰는 직업을 가지게 된 뒤로도 비슷한 상황이 펼쳐진다. 번역을 할 때는 소설을 쓰고 싶고, 소설을 쓸 때는 번역을 하고 싶다. 머리를 쓰고 싶지 않을 때는 '자서전 대필 좀 했으면' 하지만, 막상 대필에 들어가면 필시 의뢰자와 갈등을 겪게 된다. 아무리 노력해도 의뢰자의 기대를 맞출 수 없기 때문이다.

인생의 출발점에 서 있는 우리에게 누군가는 우리가 죽음을 향해 달려가고 있다는 사실을 말해줘야 한다. 우리는 하루하루, 매순간 최선을 다하는 삶을 살기를 원한다. 나는 그러려면 실천하라고 말한다. 하고 싶은 것이 있다면 지금 당장 해! 남아 있는 내일이 그리 많지 않거든.

Somebody should tell us, right at the start of our lives, that we are dying. Then we might live life to the limit, every minute of every day. Do it! I say. Whatever you want to do, do it now! There are only so many tomorrows.

– 마이클 랜던(Michael Landon, 배우/영화감독)

유명한 조폭 두목의 책을 쓸 때는 거의 매일 싸우다시피 했다. 내 경험상 대필을 할 때는 공부를 많이 한 의뢰자보다 무식한 의뢰자가 훨씬 까다롭게 구는 편이다.

사람들은 재벌 기업에서 일하는 사람들을 부러워한다. 보수를 많이 받기 때문이다. 국내 최대 기업의 부장과 식사를 한 적이 있는데, 앉아 있는 자세가 상당히 힘들어 보였다. 그래서 그 이유를 물어보니 비행기를 너무 오래 타서 척추가 망가져 고생한다고 했다.

지금 하는 일보다 쉬워 보이는 일이 사실은 더 어려울 수 있다.

미루기 악마는 당신으로 하여금 당신의 삶에 전혀 가치가 없는 것들에 시간을 허비하게 한다.

Procrasdemon makes you waste your time on things that do not add value to your life.

- 니라즈 아그니호트리(Neeraj Agnihotri, 사진작가)

당신이 원하는 것을 찾아 나서지 않는다면 결코 그것을 가질 수 없다.
달라고 하지 않는데 줄 사람은 없다.
앞으로 발을 떼지 않는다면 항상 그 자리에 있어야 한다.

If you don't go after what you want, you'll never have it.
If you don't ask, the answer is always no.
If you don't step forward, you're always in the same place.

- 노라 로버츠(Nora Roberts, 소설가)

뒤늦게라도
일본어를 배웠더라면

> 앞으로 1년 후, 당신은 1년 전 오늘 시작했어야 했다고 후회할 것이다.
>
> A year from now you may wish you had started today.
>
> – 카렌 램(Karen Lamb, 작가)

일본어를 배우고 싶어 했던 내가 그것을 포기한 것은 50대 중반이었다. 힘들여 배워봤자 써먹을 수 있는 세월이 얼마 안 남은 것 같아서였다. 사실 나는 사전을 끼고 문서를 이해할 수 있는 수준이면 족하다.

그런데 지금은 그때 배웠어도 전혀 늦은 게 아니었다는 것을 실감한다. 아니, 작년에만 배웠어도 얼마나 좋았을까. 몇 달간의 여유가 생기면 이번엔 놓치지 않고 반드시 대략적으로나마 일본 문헌을 볼 수 있을 만큼은 일본어를 공부할 작정이다.

미루기는 어제를 붙잡고 늘어지는 기술이다.

Procrastination is the art of keeping up with yesterday.

- 돈 마퀴스(Don Marquis, 유머작가)

내가 아직 의욕을 버리지 않은 데는 이유가 있다. 안동교회 사모였던 최의숙 할머니는 예순다섯 살에 성경을 손으로 쓰기 시작해서 25년 만에 한글 성경, 영어 성경, 일어 성경을 각각 4번씩 총 12번 필사했다고 한다. 하루에 10시간 이상 필사를 한 결과다.

늦은 나이에 도전해서 결실을 본 사례는 얼마든지 있다.

:: 레스토랑을 돌아다니며 멀티 믹서를 팔던 레이 크록은 52세에 맥도날드라는 상표를 인수해 세계 최고의 패스트푸드 체인 맥도날드를 설립했다.

:: 1742년, 프리드리히 헨델은 57세에 자신의 최고 걸작 〈메시아〉를 지휘했다.

:: 1889년, 알렉산더 구스타브 에펠은 57세에 자신의 이름을 딴 파리 에펠탑을 완성했다.

:: 윌퍼드 피터슨은 광고업에 종사하던 중 61세부터 글을 쓰기 시작해 창의성 전문가로 이름을 떨치며 맹렬히 활동하다가 95세에 세상을 떠났다.

:: 할랜드 샌더스는 레스토랑을 운영하다가 파산한 뒤, 정부에서 빈곤층에게 주는 생활보조금 105달러를 밑천으로 삼아 66세에 레스토랑 체인점을 시작했다. 자신의 조리법으로 닭을 튀겨 팔 체인점을 찾기 위해 미국 전역을 돌아다녔지만 2년 만에 겨우 다섯 군데와 계약을 맺었다. 사람들의 조롱에도 아랑곳없이 매진한 결과

그는 결국 켄터키 프라이드 치킨(KFC)이라는 세계적 패스트푸드점으로 키워냈다. 샌더스는 몸이 비대하고 관절염을 앓아 단명하리라는 예상과는 달리 활발히 활동하다가 90세에 백혈병으로 세상을 떠났다.

:: 경영학이라는 학문을 만든 피터 드러커 교수는 자신의 전성기가 66~86세였다고 말했다.

:: 1942년, 소설가 H. G. 웰즈는 76세에 런던대학에서 박사학위를 받았다. 그는 14세에 학교를 중퇴했다.

:: 1940년, 그랜마 모제스는 70대에 그림을 그리기 시작해서 80세에 처음으로 개인전을 열었으며, 그 후로도 20년 더 그림을 그렸다.

:: 1789년, 벤저민 프랭클린은 83세에 중년이 되면 많이 사용하는 이중초점 렌즈를 발명했다.

사람들이 새로운 것을 시도하지 않는 가장 큰 이유는 처음 시도해서 완벽하게 끝내기를 바라기 때문이다. 그것은 매우 비이성적이고, 비현실적이며, 가능하지도 않은 생각으로 대부분 사람의 인생을 망치게 한다. 그런 증상을 완벽 증상이라고 한다.

A primary reason people don't do new things is because they want to do them perfectly first time. It's completely irrational, impractical, not workable and yet, it's how most people run their lives. It's called The Perfection Syndrome.

- 피터 맥윌리엄스(Peter McWilliams, 자기계발저술가)&
  존-로저(John-Roger, 자기계발강사)

:: 1971년, 파블로 피카소는 90세에도 맹렬히 그림을 그렸다.

:: 1976년, 98세의 디미트리온 요르다니디스는 그리스 아테네에서 열린 마라톤 경주에 참가해 완주했다.

:: 1994년, 일본인 아라야 아치지루는 100세에 높이 3,775m의 후지산을 등정했다.

:: 1971년, 영국의 앨리스 폴락은 102세에 《나의 빅토리안 젊은 시절의 초상》이란 저서를 출간했다.

:: 존 몰튼 피니는 흑인 노예의 아들로 태어나 제1차 세계대전에 참전했다. 11개 대학에서 학위를 받았으며, 80세까지 여러 대학에서 가르쳤고, 그 후에는 변호사로 일했다. 60세에 다시 대학 공부를 시작해서 15년이 지난 1975년까지 대학 졸업장을 4장이나 더 받았다. 100세에는 로스쿨 강의를 들었다.

창의성은 수도꼭지를 틀면 물이 나오듯
마음만 먹으면 끄집어낼 수 있는 것이 아니다. 분위기를 타야 나온다.
어떤 분위기냐고?
최후의 순간에 몰릴 때 느끼는 공포다.

You can't just turn on creativity like a faucet.
You have to be in the right mood. What mood is that?
Last-minute panic.

- 빌 워터슨(Bill Watterson, 만화가)

극한 위기에 몰리면 대개는
자포자기한다

물에 빠져서 죽는 것이 아니라 빠져서 가만있기 때문에 죽는 것이다.
You don't drown by falling in the water; you drown by staying there.
– 에드 콜(Ed Cole, 사업가)

빌 워터슨은 신문 연재만화 〈캘빈 앤 홉스(Calvin and Hobbes)〉로 유명해진 세계적인 만화가다. 그는 성공에 이르기까지 치열하게 노력했다. 60쪽의 인용글만 보면 그가 평소에 일을 미루었다가 마감이 닥쳐서야 몰아치기를 한 것으로 오해하기 쉽다. 하지만 그는 거의 매일 새로운 아이디어를 찾기 위해 신문기사를 꼼꼼히 살폈고, 공부를 게을리하지 않았다. 그에게는 여유로운 시간이 남들이 보기엔 긴장의 시간으로 보였을 수도 있을 것이다.

TV가 본격적으로 보급되기 전에는 주로 라디오를 들었다. 그

중에서 동아방송의 〈유쾌한 응접실〉(1963~1980년)은 오랫동안 인기가 있었다. 인터넷 검색을 하면 그때의 녹음 파일을 저장해둔 사이트가 나오니 한번 찾아보기를 바란다.

〈유쾌한 응접실〉의 단골손님으로 최병길 변호사라는 분이 있었다. 나는 어렸을 때 그분이 한 말을 지금도 생생하게 기억한다. 그분이 1950년대에 사법고시를 준비하던 이야기를 들려준 적이 있었다.

당시 사법시험은 지금과는 비교할 수 없을 만큼 어려워서 일년에 10명 이하가 합격했다고 한다. 그분은 시험을 보기 한 달 전부터 골방에 파묻혀 침식을 잊고 공부에만 매달렸는데, 단 한 번도 누워서 잠든 적이 없었다. 소변은 방 안에 요강을 들여놓고 해결할 정도였다. 시험 보러 가던 날, 하도 기운이 없어 발을 내디딜 때마다 땅이 푹푹 내려앉는 것 같으면서도 왠지 합격할 것 같은 기분이 들었다고 한다.

언뜻 봐서 한 달 동안 벼락치기 공부를 했다고 생각하기 쉬운

드라마틱한 인생을 살아보려면 마감일이 눈앞에 다가올 때까지 기다려보면 된다.

A perfect method for adding drama to life is to wait until the deadline looms large.

– 알리스 코닌-실비(Alyce Cornyn-Selby, 비즈니스컨설턴트)

데, 사실 그분은 평소에도 열심히 공부를 해둔 상태였다. 다만 그 것이 부족하다는 생각에서 한 달 동안 방에 틀어박혀 죽기 살기로 공부에만 매달렸던 것이다.

최후의 순간은 평소에 꾸준히 대비해온 사람들이 마지막 스퍼트를 내는 시점이다. 이와는 달리 게을렀던 사람들에게는 절망의 시점이다.

지옥을 통과 중이라면 쉬지 말고 계속 달려야 한다.
If you're going through hell, keep going.
- 윈스턴 처칠(Winston Churchill, 정치가)

뭔가를 끝내는 가장 좋은 방법은 일단 시작하는 것이다.

The best way to get something done is to begin.

– 미상

하나의 실천은 또 다른 실천으로 이어져 결국 중독된다

일단 옷감을 짜기 시작하라. 그러면 실은 하나님이 대주실 것이다.

Begin to weave and God will give you the thread.

– 독일 속담

나는 미뤄두었던 어떤 일을 일단 시작하면 신이 도와준다는 것을 실감한다. 너무나 어려워 손댈 엄두가 나지 않는 숙제도 '기필코 해내고 말 거야!' 하고 마음을 다지면 공격적으로 변한다. 그래서 접근하기 어려운 선생님에게 질문을 할 용기도 생긴다.

집을 매입하고 등기 비용을 아끼겠다고 결심하면 인터넷을 통해 얼마든지 방법을 알아내 혼자서도 충분히 해낼 수 있다. 글을 쓸 때도 완벽한 플랜이 마련될 때까지 기다렸다가는 평생 동안

동기는 당신이 출발하도록 힘을 넣어주는 것이고,
습관은 당신이 계속 나아가도록 끄는 것이다.

Motivation is what gets you started.
Habit is what keeps you going.

- 짐 론(Jim Rohn, 기업가)

써내지 못한다. 작가들은 대부분 희미한 아우트라인만 가지고 글을 쓴다. 일단 한 문장을 쓰면 그 문장이 생명체처럼 다른 문장을 만들어낸다.

내 아버지는 스물두 살에 결혼해서 해방 전 서울로 올라와 종암동 안암천에 판잣집을 짓고 살았다. 일자리도 없고 돈도 없어서 장사도 할 수 없는 막연한 상황이었다.

그때 사람들이 고물을 손수레에 실어 고물상으로 나르는 것을 보았다. '저거라도 한번 해보자!' 마음먹고 고물상을 찾아갔더니, 그곳에서 아버지를 기특하게 여겨 고물 자전거를 빌려주었다. 아버지는 수년 동안 돈을 벌어 집을 샀고, 그 뒤 서울에서 상당히 큰 고물상을 운영하셨다.

이 세상에 노력 없이 나타난 것은 단 하나도 없다.
Nothing is born into this world without labor.
- 롭 리아노(Rob Liano, 비즈니스 전략가)

당신이 지금 하는 일이 과거를 바꾸는 것은 아니다.
하지만 내가 장담하는데, 당신이 지금 하는 일이 당신의 미래를 결정한다.

Nothing you do now can change the past.
But I promise you, everything you do now will determine your future.

– 조 던컨(Joe Duncan, 비즈니스컨설턴트)

오늘 일하지 않아도
내일이 좋아지는 법은 결코 없다

오늘 노동을 하지 않게 해주는 가장 큰 발명품의 하나는 내일이다.
One of the greatest labor-saving inventions of today is tomorrow.
- 빈센트 T. 포스(Vincent T. Foss, 직업미상)

　　농부가 농작물을 수확하는 시기는 엄격히 정해져 있다. 농작물은 그 시기를 조금만 넘겨도 팔지 못하거나 먹지 못하게 된다. 따라서 농부는 몸이 아무리 피곤해도 반드시 그 시기에 농작물을 거둬들여야 한다.

　　공부는 젊었을 때 해야지 나이가 들면 하고 싶어도 못한다는 말을 많이 들었다. 그 말이 실감되지 않다가 학교를 떠나고 나서야 그것이 사실임을 깨달았다. 먹고사는 일에 에너지와 시간을 집중하기 때문이다.

퇴짜를 맞는 것이 하지 않는 것보다 훨씬 가치 있다. 나는 지금까지
퇴짜를 맞으며 배웠지만 하지 않음으로써 배운 것은 하나도 없다.

Rejection is more valuable than inaction. All that I have learned until
now has been because of rejections. Inaction didn't teach me a thing.

- 니라즈 아그니호트리(Neeraj Agnihotri, 사진작가)

정신노동을 하는 사람들, 특히 공부하는 사람들이 미루기를 좋아한다. 오늘 영어 문장 하나를 암기하는 것이 힘들면 내일로 미룬다. 내일에는 더욱 쉽게 암기할 것이라 믿기 때문이다. 하지만 내일이 오늘이 되어도 암기는 역시 힘들다.

하늘은 하늘이고 땅은 땅인 것처럼 오늘 힘든 일은 내일도 힘들고, 오늘 쉬운 일은 내일도 쉬운 법이다.

어렵다고 오늘 일을 하지 않으면 내일은 두 배로 수고해야 한다. 그러면 실천할 가능성은 오늘의 절반으로 떨어진다. 그렇게 일이 누적되면서 삶은 점차 지옥처럼 변해간다.

걱정스러운 것은 내가 게으름을 부리면 부릴수록 그만큼 할 일이 많아지고, 그러면서 더 게을러진다는 것이다.

The scary thing is, the more I slack off, the more it piles up and the more it piles up, the more I slack off.

- 아멜리아 미스코(Amelia Mysko, 동기부여전문가)

최후의 순간이 아니라면 아무것도 이루어지지 않는다.

If it weren't for the last minute, nothing would get done.

– 리타 매 브라운(Rita Mae Brown, 작가)

하루하루가
절박한 하루다

성공의 비결은 하루를 어떻게 보내느냐로 정해진다.

The secret of your success is determined by your daily agenda.

– 존 맥스웰(John Maxwell, 작가/목사)

리타 매 브라운의 말은 일을 미루다가 최후의 순간에 도달해서야 이루어진다는 의미가 아니다. 모든 세상사를 인생의 마지막에 할 일처럼 해야 한다는 것이다. 브라운은 오늘 하루를 마지막 날처럼 산 여성이다. 그녀는 미혼모의 딸로 태어나 보육원에 맡겨졌

'언젠가'라는 날은 절대 오지 않는다.

One of these days, is none of these days.

– 미상

고, 엄마의 사촌 집에 입양돼 성장했다. 플로리다대학에 입학해서는 인종차별 철폐를 외치는 인권운동을 벌이다 학교에서 쫓겨났다.

히치하이크로 남의 차를 얻어 타면서 뉴욕에 간 그녀는 때로는 노숙을 하면서도 뉴욕대학에서 영문학을 전공했고, 유니온대학에서 박사학위를 받았다. 그녀는 소설가이자 시나리오 작가로 일하고 있다.

비상 모드로 일하는 것만큼 효율적인 경우는 없다.
Nothing says work efficiency like panic mode.
- 돈 로프(Don Roff, 작가/영화제작자)

세상에서의 가장 큰 착각 중 하나는
우리가 무한대의 시간 속에 살고 있다는 것이다.
그렇게 생각하면 통제할 수 없을 정도로 시간을 낭비하게 된다.

In this world, one of the biggest illusions
that we live in is that we have unlimited time.
With that mindset, we are uncontrolled to waste it as much as we can.

- 니라즈 아그니호트리(Neeraj Agnihotri, 사진작가)

당장 대들어
일한 결과

> 여력이 될 때까지, 적당히 시기가 올 때까지, 방법을 알 때까지 어떤 경험을
> 미루는 습관은 즐거움을 앗아가는 가장 큰 도둑이다. 신중히 생각해서 일단
> 결심을 한 뒤에는 바로 실행하라.
>
> The habit of always putting off an experience until you can afford
> it, or until the time is right, or until you know how to do it is one of the
> greatest burglars of joy. Be deliberate, but once you've made up your
> mindjump in.
>
> – 찰스 스윈돌(Charles Swindoll, 목사)

　처음 미국에 갔을 때 한국 교포의 집에서 하숙을 했다. 그곳에는 대학 이상의 교육을 받은 사람들이 있었다. 어느 날, 중학교밖에 안 나온 30대 초반 남자가 관광비자로 미국에 와서 그 하숙집에 들어왔다. 영어는 땡큐와 굿바이 정도밖에 못하는 사람이었다. 그는 가방 기술자였는데, 미국에서 가방 장사를 해서 큰돈을 벌겠다는 포부를 밝혔다. 하숙집 사람들은 영어도 못하고 영주권도

천재는 1%의 영감과 99%의 땀으로 이루어진다.
따라서 숙제를 혼자서 다 해내는 능력만 있어도 천재일 수 있다.

Genius is 1% inspiration and 99% perspiration.
Accordingly, a genius is often merely a talented person
who has done all of his or her homework.

- 토머스 에디슨(Thomas Edison, 발명가)

없으면서 꿈만 크다고 비웃었다.

그런데 그는 코리아타운을 막 쏘다니더니 어느 잡화가게 사장을 통해 이탈리아인이 운영하는 가방 공장에 취직했다. 그는 퇴근할 때 일감을 더 가져와 하숙집에서도 일을 했다. 가방 공장 사장이 재봉틀 한 대를 하숙집으로 실어다주었다.

그렇게 몇 달 일하더니 그는 아파트를 얻어 나갔고, 1년이 안 되어 남의 집 차고를 빌려 자기 공장을 차렸다. 그리고 3년이 안 되어 한국에 있던 가족들을 모두 데려왔다. 사람들은 그제야 그를 인정했다.

그는 사람을 사귀기 위해 교회도 다녔다. 일요 예배는 한 달에 한두 번밖에 드리지 않았지만 헌금을 많이 하니 목사가 좋아했다. 물론 그때도 그는 영어를 별로 못했지만 박사학위를 받은 사람보다 더 인정을 받았다.

미국에서 수많은 교포를 만났지만, 그처럼 생각하는 바를 바로 실천하는 사람은 보지 못했다.

지금은 행상을 다니지만 부지런하면 미래에는 거부가 될 수도 있다.
A diligent hawker today, can be a great tycoon tomorrow.
- 어니스트 아계망 예보아(Ernest Agyemang Yeboah, 동기부여전문가)

'완벽'은 인간이 가진 최악의 망상이다.
완벽은 우주에 존재하지 않는다. 완벽주의자는 무엇을 해도 실패한다.

'Perfection' is man's ultimate illusion.
It simply doesn't exist in the universe… If you are a perfectionist,
you are guaranteed to be a loser in whatever you do.

– 데이비드 D. 번즈(David D. Burns, 정신과의사)

완벽한 기회가 아니라며 일하지 않는 사람은
기회가 와도 일하지 않는다

재능이 있으면서 노력하지 않는다면 노력이 재능을 이긴다.
Hard work beats talent when talent doesn't work hard.
– 팀 나케(Tim Notke, 농구코치)

미국에 불법체류를 하는 사람들은 영주권이 나오기만을 학수
고대한다. 마치 영주권을 받으면 자신이 원하는 것은 다 이룰 수
있을 것처럼 말한다.

생선가게에서 일하던 청년이 있었다. 그는 영주권이 없어서 자신
의 꿈을 펼칠 수 없다고 불평했다. 영주권이 없어서 그렇지 자신은
이런 일을 할 사람이 아니라는 식으로 말하곤 해서 이민국 단속에
걸릴 위험을 무릅쓰고 그를 고용한 사장의 심기를 건드렸다.

청년에게는 영주권이 완벽한 기회인 셈이었다. 그는 거의 10여

년을 버틴 끝에 어찌어찌해서 영주권을 받았다. 그토록 고대하던 완벽한 기회가 드디어 펼쳐진 것이다. 그런데 그의 행동은 엉뚱하기 짝이 없었다.

"에잇! 코리언이 미국에서 살아봤자지."

그는 한국으로 귀국해버렸다.

미국에서 영주권이 나올 때까지 오래 기다리다가 막상 영주권이 나오면 한국으로 영구 귀국을 하는 사람들이 꽤 있다. 완벽한 기회라는 생각에서 영주권이 나올 때를 기다렸지만, 막상 그때가 오자 그것이 완벽한 기회가 아니라는 것을 무의식적으로 깨달은 것이다. 영주권을 받으면 올 것으로 생각했던 완벽한 기회가 이제는 한국에 있을 것 같다는 생각이 든 것이다. 하지만 그런 사람이 한국에 오면 완벽한 기회는 미국으로 옮겨가 있다.

수년 전 한 남자가 내게 자신이 쓴 원고를 고쳐달라고 부탁한

완벽에 대한 욕망은 미루기 악마를 부른다. 스스로 실수하는 것을 용납하는 것이야말로 미루기 악마로부터 벗어나기 위한 가장 효율적인 방법이다.

The desire for perfection often leads to the awakening of the Procrasdemon. Allowing yourself to make mistakes is the single most effective way to get rid of it.

- 니라즈 아그니호트리(Neeraj Agnihotri, 사진작가)

적이 있다. A4 용지로 400장이 넘는 분량이었다. 컴퓨터 파일을 달라고 했더니 텍스트파일 수백 개가 담긴 USB를 주었다. 오랫동안 교도소에 있었기 때문에 돈이 없어 컴퓨터를 사지 못했고 또 컴퓨터 사용법도 몰라 휴대폰의 노트앱으로 작성했다고 했다. 순간 한컴 워드나 마이크로소프트 워드가 없다고 해서 작업을 미뤘던 일이 떠올라 부끄러웠다.

당신의 인생을 바꾸고 싶다면 당신의 하루부터 바꿔라.
To change your life, you must first change your day.
- 미상

당신은 최선을 다해 일한 결과로 먹고산다.
You will eat from where you work with all your strength.
- 선데이 아델라자(Sunday Adelaja, 목사)

해야 할 일을 미루면 가난해진다

미루는 습관은 모든 재앙의 근본이다

Procrastination is the foundation of all disasters.

– 판도라 포이킬로스(Pandora Poikilos, 동기부여전문가)

게으르면 당연히 공부를 못한다. 게으르면 돈을 못 벌어서 당연히 가난해진다. 공부를 못했어도 나중에라도 근면하면 잘살 수 있다. 공부를 잘했어도 사회에 나와 게으르면 빈곤을 면치 못한다. 가장 좋은 길은 공부도 잘하고 사회에 나와 일도 열심히 하는 것이다. 게을렀어도 늦게나마 근면해지면 살 길이 열린다.

내가 사는 동네에는 약간 지능이 떨어지는 50대 남자가 살고 있다. 한글을 알고 간단한 계산 정도만 할 줄 아는 사람인데, 종로에 5층짜리 빌딩을 가지고 있고 자신은 낡은 한옥에서 산다.

아버지가 물려준 부동산을 그냥 우직하게 지키다 보니 이처럼

나는 미루기 버릇 때문에 인생을 완전히 망친 사람들을 만나왔다.
그들 스스로는 목적을 향해 단 한 발자국도 떼지 않았다는 사실조차
인식하지 못했다. 내 눈에는 그들 옆에 서 있는 미루기 악마가 잘 보였다.

I have met people who have ruined their entire lives because of
procrastination. They were unaware of why they never took a step,
but I could easily see their Procrasdemon standing beside them.

– 니라즈 아그니호트리(Neeraj Agnihotri, 사진작가)

부자가 되었다. 그는 아버지의 유산을 생명처럼 생각한다. 마흔 살 넘어 얻은 그의 부인은 중국인인데 상당한 미인이다. 그는 문 앞에 의자를 내놓고 앉아서 인형 눈 붙이기, 봉투 접기 같은 일을 한다. 그 모습을 보고 무식하고 가난해 보인다고 무시하다가는 큰코다친다. 내가 보기에는 그처럼 걱정거리 없는 사람도 없다. 그런 데도 그는 손에서 일을 놓지 않는다.

《탈무드》에 이런 말이 있다.

"빈곤은 전염병을 연거푸 50번 앓는 것보다 고통스럽다."

가난은 당해보지 않으면 그 고통을 모른다. 가난은 혼자만 고통을 당하는 게 아니다. 가족 전체가 고통을 당한다.

도대체 어쩌려고 오늘 할 일을 미루려 한단 말인가?

미루다가는 죽을 수 있다. 그야말로 큰일이 난다.

미루기 악마는 당신이 목적 없는 일에 한평생을 소비하도록 하는 능력이 있다.

Procrasdemon has the power to actually make you waste your entire life doing purposeless things, and the worst part is that you won't even be aware of this.

- 니라즈 아그니호트리(Neeraj Agnihotri, 사진작가)

무엇을 알고 있느냐가 중요한 것이 아니라
어떤 종류의 일을 하느냐로 성과가 나타난다.

It's not what you know but the kind of job
you do that makes the difference.

- 벤 카슨(Ben Carson, 신경외과의사/정치가)

구슬이 서 말이라도 꿰어야 보배

실행 없는 비전은 백일몽이다.
Vision without execution is just hallucination.
- 토머스 에디슨(Thomas Edison, 발명가)

　아무리 좋은 생각이라도 현실화하지 못하면 아무짝에도 쓸모가 없다. 하지만 현실화는 실천을 통해서만 이루어진다. 실천은 반드시 고통을 수반한다. 그래서 실천을 미루고 싶어 하는 것이 인간의 본성이다. 그런데 이상한 것은 실천하지 않아도 고통스럽다는 것이다. 시간이 흐르면 흐를수록 더 고통스러워진다.
　실천은 처음엔 고통스럽다가도 시간이 지나면서, 목적지가 가까워지면서 고통의 수위가 낮아지는 대신 기쁨의 수위가 높아져 간다. 실천해도 고통이요, 미뤄도 고통이라면 시간이 갈수록 더욱

근면과 노력은 당신에게 기회를 포착할 수 있는 감각을 준다.

Diligence and hard work sensitize you to recognize opportunity.

– 데이비드 P. 잉거슨(David P. Ingerson, 저술가)

고통을 안겨주는 미루기보다는 시간이 갈수록 기쁨을 안겨주는 실천의 길로 들어서는 것이 지혜로운 일이다.

뉴욕의 브루클린 브리지는 이스트 강(East River)을 넘어 맨해튼과 브루클린을 잇는 길이 1,734m의 현수교다. 존 뢰블링(John Roebling)이 이 다리를 짓는다고 했을 때 모든 사람이 불가능하다고 비웃었다. 그는 1869년 공사를 시작했는데, 공사 중 발생한 사고로 부상을 입고 사망했다. 그 공사를 물려받은 아들 워싱턴도 바닷속에 기초를 놓는 일을 하다가 잠수병을 얻어 장애인이 되었다. 그러자 워싱턴의 아내 에밀리가 그 일을 물려받았다. 워싱턴은 브루클린에 있는 자신의 집 창가에 앉아 망원경으로 공사 현장을 지켜보았다.

브루클린 브리지는 마침내 14년 만에 완성되었다. 머리에 떠오른 생각을 상상 이상의 노력과 집념, 희생으로 완성시킨 것이다.

일이 당신에게 달라붙을 때까지 일에 매달려라. 시작하는 사람은 많지만 끝내는 사람은 별로 없다.

Stick to a task, 'til it sticks to you. Beginners are many, finishers are few.

- 미상

정말 행복한 사람은 미루기의 사슬을 끊어내고 당장 해야 할 일을 하면서
만족감을 느끼는 사람이다. 열심, 열정, 생산성으로 똘똘 뭉친 사람이다.

The really happy people are those who have broken the chains
of procrastination, those who find satisfaction in doing the
job at hand. They're full of eagerness, zest, productivity.

– 노먼 빈센트 필(Norman Vincent Peale, 목사/작가)

열심히 공부하는 학생은
선생님을 무시하지 않는다

날 수 없다면 뛰어라. 뛸 수 없다면 걸어라. 걸을 수 없다면 기어라. 하여튼
어떤 방식을 취하든 무조건 앞으로 나가야 한다.
If you can't fly, then run. If you can't run, then walk. If you can't walk,
then crawl, but whatever you do, you have to keep moving forward.
- 마틴 루터 킹 주니어(Martin Luther King, Jr., 흑인인권운동가)

나는 일류 대학을 나오지 못했다. 그래서 대학에 다닐 때, "이런 학교 다녀봐야 직장다운 직장 못 들어간다"거나 "사람 대접 못 받는다"는 말을 자주 했다. 학교를 비하한다는 것은 자신의 자질에 비해 학교 수준, 즉 교수나 동료 학생들의 수준이 낮다는 암시다. 수준이 낮다고 생각되는 교수가 가르치는 공부에 충실할 리 없고, 자신보다 자질이 떨어져 보이는 학생들과 진심으로 친구가 될 수 없다. 그러면 학교에 대한 소속감도 떨어진다. 나도 이 부류

독서는 엄청나게 많이 하면서도
머리를 적게 쓰면 게으른 사고 습관에 빠지게 된다.

The person who reads too much and uses his brain
too little will fall into lazy habits of thinking.

- 알베르트 아인슈타인(Albert Einstein, 물리학자)

에 속해 있었지만, 나보다 증세가 심각했던 학생 둘은 학교를 자퇴하고 재수를 시도했다. 결과는 실패였다.

나는 일류 대학 교수들은 좀 다른 줄 알았다. 그런데 가르치는 것은 내가 다녔던 대학의 교수들과 차이가 없었다. 미국 대학의 교수들도 그저 그랬다. 일류 대학 교수들은 좋은 논문을 많이 쓸 뿐 가르치는 것은 대학생 수준에 맞게 가르친다. 즉, 학업 성과는 스스로 얼마나 공부를 열심히 하느냐에 달린 것이지 학교의 명성과 교수의 수준에 달린 것이 아니다.

만일 교수들의 실력이나 가르치는 방법이 믿기지 않는다면 그 과목을 대표하는 가장 권위 있는 책을 구해 철저히 학습하면 된다. 명문 대학의 어느 교수가 한 학기에 다섯 권을 교재로 쓴다고 해서 그것을 다 공부하는 것은 아니다. 각 책의 일부분만 공부할 뿐이다. 따라서 나는 한국 학생들에게 가장 권위 있는 책 한 권만 철저히 공부할 것을 조언한다.

하버드대학 학생에게 하루에 주어진 시간은 24시간이다. 한국의 3류 대학 학생에게도 24시간이 주어진다. 10년 동안 3류 대학 학생이 하루에 10시간을 공부하고 하버드대생이 7시간을 공부한다면, 장담하는데 3류 대학 학생의 지적 능력이 훨씬 높아지게 된다. 하버드대학 도서관에서 공부하는 게 강원도 농촌 원두막에서 엎드려 공부하는 것보다 공부가 더 잘되는 것도 아니다. 하버드대학 도서관에서 쓸데없는 문헌을 들추고 잡생각을 하는 것보다는 원두막에 엎드려 집중적으로 책을 보는 것이 훨씬 능률적이다.

하지만 명문 대학에는 공부하는 습관이 붙은 학생들의 비율이 압도적으로 높은 데 비해 3류 대학에는 그런 학생의 비율이 거의 0%에 가깝다는 사실을 명심해야 한다. 물론 3류 대학에서도 명문 대학 학생처럼 공부하면 사실상 명문 대학에 다니는 것과 다를 바 없다. 어디서 공부하든 열심히만 하면 학교나 교수에 대한 불평불만이 별로 생기지 않는다.

이름 없는 대학을 나오면 취직을 하지 못한다는 말도 지나친 과장이다. 실력이 있으면 3류 대학이 아니라 초등학교만 나와도 얼마든지 쓰임을 받는다. 주머니에 넣은 송곳이 삐져나오듯 실력이 있으면 세상에 드러나게 되어 있다. 세상이 그런 사람을 가만 내버려두지 않는다.

논문을 써야 한다. 아무리 하찮은 것일지라도.
– 히로나카 헤이스케(中平祐, 수학자)

실망스러운 결과로 당신의 최선이 불충분했다고 느끼기보다는
미루는 버릇에 원인을 돌리는 것이 더 적절하다.

It's safer to blame procrastination for a disappointing
result than to feel your best wasn't good enough.

- 제인 부르카(Jane Burka, 심리학자)

마감에 쫓겨 서두르면
실망스러운 결과를 낳는다

현실을 피할 수는 있지만 현실을 피한 대가는 피할 수 없다.
You can avoid reality, but you cannot avoid the consequences of avoiding reality.
- 아인 랜드(Ayn Rand, 소설가/철학자)

학생이나 글 쓰는 일을 하는 사람들은 다들 경험했을 것이다. 마감에 쫓겨 허겁지겁 마친 숙제나 작품이 결코 좋은 평가를 받지 못한다는 것을.

어느 폭력 조직의 보스에게서 책을 써달라는 부탁을 받은 적이 있다. 나는 그가 평소에 독서를 거의 하지 않는다는 것을 알고 대충 써주어도 만족할 것으로 짐작했다. 그래서 다른 일을 하다가 마감 보름 전부터 그 일을 시작해서 약속한 날 새벽에 원고 1,200매를 완성했다. 초반 200여 매 정도는 정성을 기울였지만, 나머지

당신이 달에 서 있는 상상이 당신을 달에 데려다주지는 못한다. 그
상상을 현실화시키려면 집중적이고 지적인 노력이 필요하다.

Dreaming of being on Moon cannot get you there. It requires
a focused & intelligent effort to achieve what you Dream.

- 닐레시 사카단데(Neelesh V. Sakhardande, 비즈니스컨설턴트)

부분은 워낙 서둘러 쓰다 보니 양심의 가책을 느낄 정도로 엉망이었다. 그래도 그가 책에 대해 잘 모르니 무사히 넘어갈 것으로 생각했다. 그런데 웬걸, 그는 원고를 받아보고 길길이 날뛰었다.

"당신, 날 어떻게 보고 이런 쓰레기를 내밀어? 계약금 돌려주쇼!"

나는 그때 혼쭐이 났다. 내 예상과는 달리 그는 상당히 까다로운 사람이어서 단 한 줄도 그냥 넘어가지 않았다. 수십 명의 편집자, 집필 의뢰자들과 일했지만 그처럼 정확하게 따지는 사람은 처음이었다.

그 원고는 그로부터 1년이나 더 지나 내 머리와 육체에서 진이 다 빠지고 나서야 마감되었다. 그로 인해 나는 심각한 경제적 고통을 겪었다. 자업자득이었다.

현재의 증거에 따르면 미루는 사람들은 해야 할 일을 하지 않고 즐기다가 마감이 코앞으로 다가와 압박을 받고서야 해야 할 일로 복귀한다. 따라서 미루기는 자기통제의 결핍에서 비롯된 것으로 외부로부터 강압적인 압박을 받아야 일에 대한 동기를 부여받는다.

The present evidence suggests that procrastinators enjoy themselves rather than working at assigned tasks, until the rising pressure of imminent deadlines forces them to get to work. In this view, procrastination may derive from a lack of self-regulation and hence a dependency on externally imposed forces to motivate work.

- 다이앤 티스(Dianne Tice, 심리학자) & 로이 바우마이스터(Roy Baumeister, 심리학자)

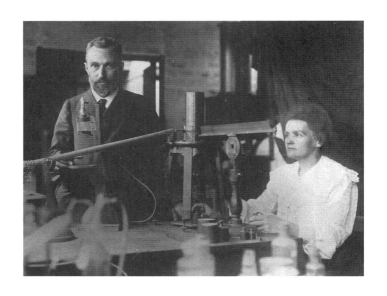

나는 나에게 주어진 능력을 사용하지 않는 것을 두려워한다.
나는 미루는 버릇과 게으름을 두려워한다.

I'd be more frightened by not using whatever abilities I'd been
given. I'd be more frightened by procrastination and laziness.

– 덴젤 워싱턴(Denzel Washington, 영화배우/감독)

일하기로 작정하면
마중물이 저절로 생겨난다

할 일을 끝내지 않고 무한정 남겨두는 것처럼 피곤한 것은 없다.

Nothing is so fatiguing as the eternal hanging on of an uncompleted task.

- 윌리엄 제임스(William James, 철학자/심리학자)

할 일을 하지 않고 내버려두는 것처럼 괴로운 것이 없다. 자존감이 무너지고 의욕이 떨어진다. 배터리가 방전된 것과 다를 바 없다. 배터리가 방전되면 정신과 육체가 땅속으로 빨려 들어가는 것 같다. 거기에 지옥에 있다는 것을 알기에 두렵고 피곤하고 고통스럽다.

할 일을 하지 않으면 그에 따른 결과를 알기 때문에 두려울 수밖에 없다. 두려움은 항상 피곤을 동반한다. 내 경험상 두려움과 피곤을 걷어차는 가장 좋은 방법은 일단 시작하는 것이다.

나는 긍정적 상상을 좋아하지 않는다. 긍정적 상상을 하면 정말 그렇게 되기라도 한 것처럼 긴장감이 풀어지면서 여유를 가지게 된다. 이것이 미루는 버릇으로 고착될 위험성이 아주 높다.

하지만 긍정적 상상을 해도 좋은 것이 있다. 그것은 자신이 열심히 일하는 모습을 그려보는 것이다. 퀴리 부인이 추운 겨울날 밤에 초라한 연구실에 홀로 앉아 현미경을 들여다보는 장면을 상상해보라. 책상 앞에 앉고 싶은 충동이 느껴질 것이다.

판매업에 발을 들여놨지만 용기가 나지 않는 사람은 〈행복을 찾아서(The Pursuit of Happiness)〉라는 영화를 보길 바란다. 아내와 이혼한 뒤 어린 아들과 거리로 내쫓긴 세일즈맨에게는 체면을 차리거나 좌절할 틈이 없었다. 그는 수단과 방법을 가리지 않고 필사적으로 일한 끝에 거부가 되었을 뿐만 아니라 자신만의 기업을 이룰 수 있었다. 미국의 거부(巨富) 크리스 가드너(Chris Gardner)의 실화다.

책상에 앉아서 책을 펼쳐 읽기 시작하면, 점점 재미가 생긴다. 공부해야 한다는 생각이 마중물로 작용한 것이다.

당장 해야 할 일이 너무 어려워서 질질 끌고 있다면 그 문제를 부분별로 구분 지어 한 번에 한 부분씩 해결하라.

If you procrastinate when faced with a big difficult problem⋯ break the problem into parts, and handle one part at a time.

- 로버트 콜리어(Robert Collier, 자기계발전문가)

아무리 소극적인 성격이라도 크리스 가드너처럼 적극적으로 달려들면 상대방이 두렵지 않고 자신의 상품을 팔겠다는 의욕이 넘치게 된다. 그 적극성이 마중물로 작용하는 것이다.

　공부 의욕, 장사 의욕, 발명 의욕, 운동 의욕, 근무 의욕 등은 일단 행동을 해야만 에너지로 바뀐다. 그러면서 일을 지속할 수 있게 된다. 일하면 할수록 더 큰 에너지가 생겨 근면의 습관이 몸에 배게 된다.

소설과 현실의 차이점? 소설은 이해가 된다는 점이다.

The difference between fiction and reality? Fiction has to make sense.

- 톰 클랜시(Tom Clancy, 소설가)

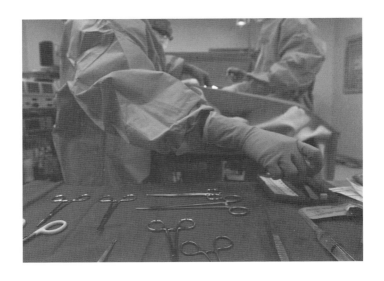

나는 실천이라는 긴박감에 마음이 움직인다.
지식만으로는 부족하고 반드시 그것을 현실에 적용해야 한다.
의지를 가지는 것만으로는 안 되고 반드시 의지를 행동으로 옮겨야 한다.

I have been impressed with the urgency of doing.
Knowing is not enough; we must apply.
Being willing is not enough; we must do.

- 레오나르도 다빈치(Leonardo da Vinci, 예술가/과학자)

의사들의
일하는 시간

잠에서 깨어나 일하라! 죽으면 얼마든지 잘 수 있다.
Stop sleeping, get to work! You will have much time to sleep when you die.
– 마이클 배시 존슨(Michael Bassey Johnson, 동기부여전문가)

한 의사의 원고를 정리해준 적이 있었다. 대여섯 명의 전문의가 함께 일하는 작은 병원의 대표였다. 그런데 그녀는 도대체 잠을 자지 않는 것 같았다. 새벽 2, 3시에도 전화를 걸어서 원고의 진행 방향을 상의했다. 낮에 병원에 가보면 진료하고 수술하느라 좀처럼 얼굴을 마주할 시간이 없었다. 그렇게 일하고도 밤이면 논문이나 책을 썼다. 약해 보이는 몸 어디에서 그런 에너지가 나오는지 경이로울 정도였다.

그때 나는 이렇게 반성했다.

'내가 저 의사가 일하는 것처럼 글을 쓴다면 한 달에 책 세 권 분량은 쓸 수 있겠다. 그중에서 두 권은 외면을 받고 한 권만 출판에 성공해도 그럭저럭 먹고살기는 하겠다.'

그녀의 글 쓰는 스타일은 특이했다. 그냥 생각나는 대로 막 썼다. 앞부분과 뒷부분이 모순되어도 거침없이 써서 순식간에 200자 원고지 수십 매를 채웠다. 내가 그것을 정리하면 5~10매로 줄어든다.

그녀는 자정부터 새벽까지 글을 쓰는 듯했다. 그런데 아침에 병원에 가보면 사방을 휘젓고 다닌다. 운동도 안 하고 잠도 충분히자지 않는데 어떻게 그렇게 활기차게 살아가는지 의문이 들었다. 그러면서도 '그래서 저렇게 잘 사는구나!' 하고 생각했다.

한 척추전문의에게 초대를 받아 함께 식사한 적이 있다. 주말이었는데도 병원에서 환자의 상태를 계속 알려왔다. 나는 그를 보

매우 바쁜 나날을 보내다 보면 이런 질문을 자주 받는다. "어떻게 그렇게 모든 일을 해내세요?" 대답은 간단하다. 일이 생기면 바로 해치우기 때문이다.
During a very busy life I have often been asked, "How did you manage to do it all?" The answer is very simple. It is because I did everything promptly.
- 리차드 탕예(Richard Tangye, 엔지니어)

고 의사들이 돈을 많이 받는 것은 특별한 전문기술과 지식이 있을 뿐 아니라 고강도로 일하는 시간이 길기 때문이라는 것을 알게 되었다.

무슨 일을 하든 이들 두 의사처럼 일한다면 적어도 돈 때문에 걱정하며 살지는 않을 것이다.

모든 사람들이 약자를 동정한다. 하지만 남들의 시기를 받으려면 그만큼 노력해야 한다.

Everybody pities the weak; jealousy you have to earn.

- 아놀드 슈워제네거(Arnold Schwarzenegger, 영화배우)

당신은 지체할 수 있지만 시간은 지체하지 않는다.
흘러간 시간은 되돌릴 수 없다.

You may delay, but time will not,
and lost time is never found again.

- 벤저민 프랭클린(Benjamin Franklin, 정치인/발명가)

일은 정해진 시간 안에 끝내야 한다

쉬운 일을 미루면 나중에 그 일이 어려워지고, 어려운 일을 미루면 결국 그 일을 하는 것이 불가능해진다.

Putting off an easy thing makes it hard, and putting off a hard one makes it impossible.

– 조지 로리머(George Lorimer, 언론인)

나는 출판 일을 하면서 작업을 질질 끌다가 여러 번 낭패를 경험했다. 한번은 3개월 안에 《삼국지》 처세술에 대한 책을 써달라는 주문을 받았다. 그 원고가 완성된 것은 1년 뒤였고, 출판사는 마음이 변해서 그 원고를 출판하지 않았다. 손해를 본 것은 출판사가 아니라 나였다. 이런 비효율적인 글쓰기 행태가 수십 번이었으니 생활이 제대로 될 리 없다. 설상가상으로 가족 중 한 사람이 병으로 쓰러지기라도 하면 극한 상황에 몰리게 된다.

많이 보는 것, 많이 힘들어하는 것,
많이 공부하는 것이 학습의 세 기둥이다.

Seeing much, suffering much, and studying much,
are the three pillars of learning.

– 벤저민 디즈레일리(Benjamin Disraeli, 정치가/소설가)

변명 같지만, 글 쓰는 일처럼 늘어지기 쉬운 직업도 드물다. 내가 아는 작가들의 절반 이상은 약속 날짜를 넘겨 편집자들의 애를 태운다. 그중에서도 나는 훨씬 더 심한 쪽에 속한다. 자기통제를 못하는 사람이 작가 또는 번역가로 나선다면 인생이 비참해진다. 죽기 살기로 대들어야 겨우 입에 풀칠하는 직업이기 때문이다. 그러니 일정한 수입이 보장된 직장에 다니면서 조금씩 글을 쓰는 것이 현명하다.

의사는 수술 시 환자가 위험한 상태에 빠지기 전에 반드시 끝내야 한다. 그러지 않으면 죽기 때문이다. 완벽하게 수술을 한답시고 시간을 넘기는 의사는 없다.

자동차나 컴퓨터 공장의 조립 라인에 서 있는 근로자는 정해진 시간 안에 자신의 작업을 끝내야 한다. 그래야 다음 작업을 하는 사람이 조립을 진행할 수 있다. 지루하다고 늦장을 부렸다가는 전체 공정이 엉망진창이 된다.

공부도 마찬가지다. 시험을 치르기 전까지, 나이가 들어 직장에 들어가기 전까지는 최선을 다해 공부해야 한다. "공부도 때가 있다"는 말은 괜한 말이 아니다.

보통 사람들이 하는 것처럼 해서는 탁월한 인생을 영위할 수 없다.

You cannot live an extraordinary life by doing what ordinary people do.

- 리스 로버트슨(Reece Robertson, 저술가)

'지금'은 결코 피할 수 없는 팩트다.

Now is a fact that cannot be dodged.

– 싱클레어 루이스(Sinclair Lewis, 작가)

빠른 것이 느린 것을 잡아먹는다

미적거리는 사람들도 뭔가를 얻을 수 있다. 하지만 서두르는 사람들이 거두고 나서 남긴 것들만 얻을 수 있다.

Things may come to those who wait, but only the things left by those who hustle.

– 에이브러햄 링컨(Abraham Lincoln, 미국 16대 대통령)

경영학자 제이슨 제닝스와 로렌스 호프톤*은 말했다.

"큰 것이 작은 것을 잡아먹는 것이 아니라 빠른 것이 느린 것을 잡아먹는다."

---

*제이슨 제닝스·로렌스 호프톤, 《큰 것이 작은 것을 잡아먹는 것이 아니라 빠른 것이 느린 것을 잡아먹는다》, 해냄출판사, 2001.

미국 캘리포니아 산호세에 있는 시스코(CISCO)는 텔레커뮤니케이션 네트워크 디자인 업계에서는 세계 1위 회사다. 이 기업의 CEO 존 챔버스는 "덩치가 큰 기업이 항상 작은 기업을 이기는 것은 아니지만, 빠른 기업은 항상 느린 기업을 이긴다"고 말한다.

칭기즈칸은 무서운 속도전으로 군사력이 수십 배에서 수백 배에 달하는 대국을 차례로 무너뜨렸다.

영국 버진그룹의 CEO 리처드 브랜슨은 성공할 확신이 드는 프로젝트가 있으면 완벽한 전략이 수립되기 전에도 일을 추진한다.

현대그룹의 창업자 정주영은 아무리 중요한 일을 지시할 때도 시간을 길게 주지 않았다.

"내일 아침까지 해놓으시오."

그러고는 그 이유를 이렇게 설명했다.

"직원들은 모두 한가하지 않다. 때문에 시간을 길게 주면 내일, 모

근면을 대신할 수 있는 것은 없다.
There is no substitute for hard work.
- 토머스 에디슨(Thomas Edison, 발명가)

레, 글피로 미뤄놓고 다른 일을 계속하다 발등에 불이 떨어져야 후다닥 지시한 일에 들러붙어 만들어놓는다. 그러니 졸속이 뻔한 쓸모없는 결과가 되기 십상이다."

미루지만 않는다면 속도에 쫓길 이유가 전혀 없다. 미루지 않는다는 것은 바로 근면하다는 말이다.

자동차 시동을 걸기 전에는 어느 방향으로 갈지 묻지 말라.
Don't ask for directions if you're not going to start the car.
- 롭 리아노(Rob Liano, 비즈니스전략가)

오늘 책임을 피한다고 해서 내일 그 책임을 피할 수 있는 것은 아니다.

You can not escape the responsibility of tomorrow by evading it today.

– 에이브러햄 링컨(Abraham Lincoln, 미국 16대 대통령)

피할 수 없다면
선제적으로 대응하자 /

하나의 일을 미루면 일곱 가지의 새 일이 추가되어 어깨를 짓누른다.
Every duty that is bidden to wait comes back with seven fresh duties at its back.
- 찰스 킹슬리(Charles Kingsley, 성직자)

1967년, 이스라엘과 이집트는 6일 전쟁을 벌였다. 당시 이집트는 시리아와 결합해 이스라엘 괴멸을 목표로 착착 전쟁을 준비하고 있었다. 이에 이스라엘은 전력의 열세에도 불구하고 공군력을 총동원해 이집트와 시리아에 기습적으로 선제공격을 감행해 공격력을 괴멸시킴으로써 6일 만에 승리를 거두었다.

이로써 인구가 100배나 많은 아랍권에 포위된 채 두려워 떨던 이스라엘 국민은 자신감을 얻게 되었다. 이때 선제공격을 감행해 승리를 쟁취하지 않았다면 이스라엘은 미국과 아랍권의 협상에

기다림은 올가미다. 기다림에는 항상 이유가 존재한다.
진실을 말하자면, 인생에는 이유와 결과만 있을 뿐인데,
이유를 댈 생각은 아예 하지도 말라.

Waiting is a trap. There will always be reasons to wait
The truth is, there are only two things in life, reasons
and results, and reasons simply don't count.

– 로버트 앤서니(Robert Anthony, 교육자)

의존하고, 아랍권의 눈치를 보며 소극적으로 살아야 했을 것이다. 당시 전쟁을 이끌었던 애꾸눈 다얀 장군은 선제공격 명령을 내리면서 이렇게 말했다.

"우리는 막강한 최신 무기로 무장을 완료했다. 앞으로 24시간 이내에 승리할 것이다."

다얀 장군의 호언장담에 세계는 이스라엘에 비밀 핵무기가 있는 줄 알았다. 그런데 그는 전쟁이 끝난 뒤 이렇게 말했다.

"나는 선제공격 명령을 내린 지 3시간 만에 승리를 확신했다. 우리에게는 최신 무기인 애국심이 있었기 때문이다."

선제공격에 반드시 성공한다는 자신감이 뒷받침되면 그 공격은 대부분 성공한다.

10년 후 당신은 지난주의 일을 회고하며 그때 시간을 잘 보냈다고 행복해할 자신이 있겠는가?

In ten years time will you look back at your past week and be glad how you chose to spend it?

- 프리퀼(Freequill, 저술가)

하고 싶은 것이 있다면 지금 시작하라. 우리는 영원히 사는 것이 아니다.
우리에겐 우리 손에 든 별처럼 반짝거리는
눈송이같이 녹아버리는 지금 이 순간이 있을 뿐이다.

Begin doing what you want to do now.
We are not living in eternity. We have only this moment,
sparkling like a star in our handand melting like a snowflake.

- 프랜시스 베이컨(Francis Bacon, 철학자)

우리에겐
지금만 있을 뿐이다

대부분의 사람들은 시작을 미루는 데는 도사들이다.

Most people master the art of postponing the start.

- 모코코마 모코노아나(Mokokoma Mokhonoana, 작가)

먼저 세상에 태어났다고 해서 먼저 저세상에 가는 것은 아니다. 따라서 평균 수명이 80세라 해서 나도 그때까지 살 것으로 예상하고 계획을 수립해서는 안 된다. 그 이상 살 수도 있겠지만 그전에 떠날 수도 있다.

내일은 절대 오지 않는다. 그래서 오늘 해야 한다.

Tomorrow never comes, so do it today.

- 먼로 만(Monroe Mann, 영화배우)

나의 대학 친구 중 하나는 보험회사에 다니고 있었는데, 새벽에 예비군 소집훈련에 참여한 뒤 출근하려고 샤워를 하던 중 심장마비로 사망했다. 그의 나이 32세였다. 대기업 중견 간부로 일하던 대학 친구는 47세에 세상을 떠났다. 또 다른 친구는 50대 초반에 경찰서장으로 근무하던 중 집무실에서 죽었다.

옆집에 살던 일곱 살 남자아이는 부모를 따라 강원도로 놀러 갔다가 엘리베이터 사고로 죽었다. 나의 먼 친척 아저씨는 결혼하고 얼마 안 되어 목욕을 한 뒤 선풍기 바람을 맞으며 낮잠을 자다가 죽었다.

출판인 중에서도 갑자기 세상을 등진 이가 한둘이 아니다. 중병을 앓던 사람도 있었지만 멀쩡하다가 갑자기 세상을 떠난 사람들도 꽤 많다.

재수 없는 이야기를 한다고 비난할지도 모르지만, 내가 내일도 살아 있을지 장담할 수 없다. 따라서 반드시 해야 할 일이나 책임질 일이라면 미루지 않고 신속히 처리해야 한다. 미완으로 남겨두고 떠난다면, 그 책임이나 부담은 가족이나 지인들에게 돌아간다.

미루기는 쉬운 일을 어렵게 만들고, 어려운 일을 더욱 어렵게 만든다.
Procrastination makes easy things hard, hard things harder.
- 메이슨 쿨리(Mason Cooley, 작가)

'내일'이라는 병에 걸린 사람은 지구상에서 가장 불행한 사람이다.

The man who has the disease of tomorrow is the
most unfortunate man in the world.

- 게오르기 구르지예프(Georgii Gurdzhiev, 신비주의 철학자)

창의성은
근면에서 태어난다

창의성은 버릇이다. 최고의 창의성은 좋은 작업 습관의 결과다.

Creativity is a habit, and the best creativity is the result of good work habits.

– 트와일라 타프(Twyla Tharp, 안무가)

노벨상 수상자의 대부분은 노벨상을 노리고 연구하지 않았다. 그저 습관처럼 연구를 하다 보니 어쩌다 노벨상까지 받게 된 것이다. 바버라 매클린톡은 옥수수의 전이성 유전인자를 발견해 1983년 노벨 생리의학상을 수상한 여성 과학자다. 그녀는 코넬대학 농과대학에 있었을 때는 실험실을 구할 수 없어 외딴 지역의 창고 같은 건물에서 연구했다. 콜드스프링하버 연구소에 있을 때는 배드민턴 연습장에 제멋대로 실험용 움막을 지어 노벨상 수상자인 제임스 왓슨 박사에게 미움을 받았다.

왓슨 박사는 이렇게 투덜거렸다고 한다. (이 이야기는 미국 대학에 다니는 나의 둘째 아들이 제임스 왓슨 교수와 잘 아는 교수에게 직접 들은 것이다.)

"저 할망구 때문에 운동을 못하게 됐군!"

하지만 그녀는 남들이 자신을 어떻게 생각하는지, 자신의 연구 시설이 얼마나 형편없는지에 대해서는 관심이 없었다. 연구 환경을 신경 쓰지 않고 눈만 뜨면 연구하는 것이 그녀의 습관이었다.

그녀는 노벨상 수상 연설에서 이렇게 말했다.

"내가 왜 이 상의 수상자인지 이해할 수 없군요."

소설《닥터 지바고》로 1958년 노벨 문학상 수상자가 된 보리스

세상에서 끈기를 대신할 수 있는 것은 없다. 재능 있는 사람은 아니다. 재능으로 똘똘 뭉쳤지만 성공하지 못한 사람들이 널려 있다. 천재도 아니다. 보상받지 못한 천재는 속담처럼 흔하디흔하다. 교육도 아니다. 세상은 교육받은 부랑자들로 넘쳐난다. 끈기와 의지만이 만능열쇠다.

Nothing in the world can take the place of persistence. Talent will not; nothing is more common than unsuccessful men with talent. Genius will not; unrewarded genius is almost a proverb. Education will not; the world is full of educated derelicts. Persistence and determination alone are omnipotent.

- 캘빈 쿨리지(Calvin Coolidge, 미국 30대 대통령)

파스테르나크도 상을 기대하고 문학을 한 게 아니었다. 직업이 작가이기 때문에 습관처럼 글을 쓰다 보니 어쩌다가 노벨상을 받게 된 것이다. 하지만 그는 소설 속에 소련 체제를 비판하는 내용이 담겨 있다는 이유로 소련 당국이 출국을 허락하지 않아 시상식에는 참석하지 못했다.

그는 모스크바에 있을 때 친구에게 체제를 비판하는 내용의 편지를 보냈다가 검열에 걸려 그루지야(지금의 조지아)로 유배되었다. 그 편지를 받은 친구도 수사기관원들에게 연행되어 행방을 알 수 없게 되었다.

파스테르나크는 자신 때문에 행방불명된 친구의 부인에게 계속 사죄의 편지를 보냈다. 그리고 오랜 세월이 흘러서야 그 친구가 사형당했다는 소식을 들었다. 그는 죄책감에 시달리다가 얼마 뒤 병원에서 사망했다.

파스테르나크가 《닥터 지바고》를 쓴 동기에 대해서는 여러 가지 설이 있다. 나는 그의 서간문을 읽었는데, 그가 친구의 부인과 오랫동안 서신을 교류하면서 영감을 얻었을지 모른다는 생각이 들었다.

아마추어나 영감을 찾는다. 프로는 곧장 일터로 달려가 일을 시작한다.
Inspiration is for amateurs. The rest of us just show up and get to work.

- 척 클로즈(Chuck Close, 예술가)

인간은 냉장고에 케이크가 있다는 것을 아는 한
좀처럼 생산적인 일을 하려 하지 않는다.

One can hardly do anything productive when
one knows there is cake in the fridge.

- 레이첼 조이스(Rachelle Joyce, 작가)

아무리 **탁월한** 아이디어도
남보다 먼저 실행하지 않으면 **무용지물이다**

남들이 미룰 때 시작하라. 남들이 그저 바라고만 있을 때 일하라.

Begin while others are procrastinating. Work while others are wishing.

– 윌리엄 아서 워드(William Arthur Ward, 작가)

1950년대 초, 소니의 창업자 모리타 아키오는 미국의 벨연구소가 트랜지스터를 개발했다는 소식을 듣고 미국으로 달려가 트랜지스터 기술 라이선스 계약을 체결했다. 그 자리에서 벨 연구진이 물었다.

"트랜지스터로 뭘 하려고 하십니까?"

"세계에서 가장 작은 라디오를 개발할 겁니다."

"현재의 기술로는 어렵습니다. 보청기를 만들어보십시오."

흔해 빠진 것을 이상한 방법으로 하면 세상의 주목을 받게 된다.

When you do the common things in life in an uncommon
way, you will command the attention of the world.

– 조지 워싱턴 카버(George Washington Carver, 농학자)

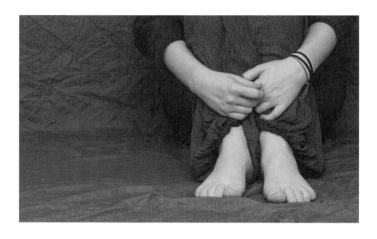

너 자신을 믿고 도전에 나서라.
너의 내면 깊숙이 들어가 공포를 극복하라.
그 누구도 너를 좌절시키지 못하게 하고 계속 앞으로 나가라.

Believe in yourself, take on your challenges,
dig deep within yourself to conquer fears.
Never let anyone bring you down. You got to keep going.

– 샹탈 서덜랜드(Chantal Sutherland, 패션모델)

소니는 1957년 세계 최초로 트랜지스터라디오를 만들었고, 이를 계기로 일본의 전자제품이 세계 시장을 휩쓸게 되었다. 그 후 소니는 세계 최초로 휴대용 오디오 제품도 개발했다.

20세기 초반까지 남자들은 나이프처럼 위험한 칼로 면도를 했다. 그래서 조금이라도 손을 잘못 놀리면 피부에 상처가 났다. 여행을 다닐 때는 면도칼 외에 무거운 숫돌도 가지고 다녀야 했다. 공구 판매원 킹 질레트는 매사추세츠 주로 출장을 가서 호텔에 투숙했다. 그는 잠자리에 들기 전 종업원에게 아침에 중요한 미팅이 있으니 일찍 깨워달라고 부탁했다.

하지만 질레트는 다음 날 아침 모닝콜을 듣고도 깨어나지 못했고, 종업원이 방문을 노크하고 나서야 간신히 몸을 일으켰다. 질레트는 서둘러 면도를 하다가 살을 베고 말았다. 그때 그는 휴대하기 편하고 빨리 면도해도 살을 베지 않는 안전한 면도기가 있었으면 좋겠다고 생각했다. 그 뒤 MIT 교수들이 불가능하다고 하는데도 그는 미친 듯이 연구에 매진했고, 마침내 1회용 면도기를 만들어냈다.

지식의 가장 큰 위협은 무지가 아니라 지식에 관한 망상이다.
The greatest enemy of knowledge is not ignorance, it is the illusion of knowledge.
- 스티븐 호킹(Stephen Hawking, 천체물리학자)

두려움은
아무것도 아니다

완벽에 대한 두려움을 갖지 말라. 어차피 당신은 완벽에 도달할 수 없다.

Have no fear of perfection, you'll never reach it.

- 살바도르 달리(Salvador Dali, 화가)

행동하기를 미루는 것은 절실하지 않기 때문이다. 간절히 원하는 사람은 결국에는 실패하더라도 그전에 몸부림을 치게 되어 있다.

적지에 투입된 특공대를 상상해보라. 적군에 발각되면 손발

공포 그 자체가 당신에게 압박을 가하는 것이 아니다. 두뇌는 공포를 통해 당신에게 극복해야 할 뭔가가 있다는 것을 말한다.

Fear, inherently, is not meant to limit you. Fear is the brain's way of saying that there is something important for you to overcome.

- 이반 비아지(Yvan Byeajee, 자기계발전문가)

이 떨어져나가는 한이 있더라도 탈출을 도모한다. 가만있다가는 100% 죽기 때문이다. 생존율이 단 1%라 할지라도 그 실낱같은 성공률에 목숨을 건다.

두려움은 미루는 버릇의 가장 큰 요인이다. 어떤 목표가 있는데 그 목표를 향하는 도중에 부딪힐 난관, 수모, 고통은 감내하고 싶지 않기 때문이다. 하지만 스스로 지옥의 맨 밑바닥으로 떨어질 각오를 한다면 두려움은 온데간데없이 사라진다.

사실 어려워 보이는 일도 조각내어 하나씩 도전해보면 다 해볼만하다. 일단 시작하면 재미나고 자신감도 붙는다. 그러면서 도전의식이 커지기 시작한다. 그러다가 큰일을 하게 되는 것이다.

경쟁에 나서는 것을 걱정하기 전에 당신이 가진 공포, 게으름 그리고 무지와 싸워라.

Fight your fear, your laziness, your ignorance before you worry about fighting the competition.

- 아밋 칼란트리(Amit Kalantri, 저술가)

미루는 버릇과 공포는 성공을 방해하는 적들이다.
그들과의 전쟁은 평생 지속되는데, 전투는 매일 치러야 한다.

Procrastination and fear are the enemies of success;
the war is lifelong, but the battles are daily.

– 노엘 데제서스(Noel DeJesus, 이라크·아프가니스탄 참전 미군)

미루기는
자살행위다

미루기는 기회를 죽이는 암살자다.

Procrastination is opportunity's natural assassin.

- 빅터 키암(Victor Kiam, 기업인)

　나는 자살의 원인에 미루기 버릇이 포함된다고 확신한다. 게을러서 직장에서 쫓겨나거나 돈을 벌지 못해 생활이 어려워지면 가정불화가 일어나기 십상이고, 그러다가 욱해서 되돌릴 수 없는 사

미루기는 신용카드와 같다. 청구서를 받을 때까지는 즐거우니까.

Procrastination is like a credit card: it's a lot of fun until you get the bill.

- 스티븐 크리스토퍼 파커(Steven Christopher Parker, 영화배우)

고를 일으킬 수도 있다.

비극의 시작점을 찾아보면 미루기 버릇이 근본 원인인 경우가 많다. 미루기 버릇은 자신의 경제 상황을 어렵게 할 뿐만 아니라 대인관계에서 불화와 갈등을 일으키게 한다. 그로 인한 압박감을 이기지 못해 결국 해서는 안 될 짓을 충동적으로 저지르기도 한다.

두려움의 온상은 '미루기'와 '행동하지 않는 것'이다. 이를 극복하려면 준비가 아닌 행동으로 밀고 나가야 한다.

The breeding ground of fear is procrastination and inaction. We overcome them not by preparation, but by taking action.

- 데바시스 므리다(Debasish Mridha, 의사/작가)

영감이 떠오르기를 기다리지 말고 몽둥이를 들고 찾아 나서라.
You can't wait for inspiration, you have to go after it with a club.
- 잭 런던(Jack London, 소설가)

사소한 자격증 하나로
먹고산다

우리가 행한 어떤 일들로 인한 후회는 시간이 지나면 잊힌다. 하지만 무슨
일을 하지 않아서 생긴 후회는 우리를 비탄에 빠지게 한다.

Regret for the things we did can be tempered by time; it is regret for
the things we did not do that is inconsolable.

– 시드니 해리스(Sydney Harris, 언론인)

C는 미국에서 대학원 과정을 마치고 귀국한 뒤, 수십 년째 대학에서 시간강사를 하고 있다. 교수가 되는 것은 언감생심이고, 강사 자리라도 빼앗기지 않기를 바랐다. 그랬던 그가 1년 공부 끝에 공인중개사 자격증을 따고는 중개업소 실장으로 들어갔다. 그는 대학 수업이 없는 날에는 중개업소에 출근했다.

요즘에는 사무실 운영이 힘들 정도로 부동산 경기가 형편없지만, 얼마 전까지만 해도 매달 최소 200만 원, 최대 500만 원 이상

의 수입을 올렸다.

게다가 그 과정에서 대출이 많이 낀 좋은 매물이 나와 적은 돈을 들여 샀더니 수년 만에 2배 이상으로 가격이 올랐다. 그곳에서 나오는 임대료만으로도 넉넉히 생활할 수 있고, 매달 50만 원 이상을 저금할 수 있다. 전에는 시간강사 자리를 유지하기 위해 가뜩이나 어려운 형편에 교수들에게 인사치레도 해야 했지만, 지금은 대학에서 강의를 안 해도 좋다는 생각이다. 그러자 희한하게 다른 대학에서도 강의 요청이 들어온다.

C는 말한다.

"포화 상태인 공인중개사 자격증이라도 따놓기를 참 잘했습니다. 그것 때문에 살 길이 열렸어요. 자격증이 없었다면 큰일 날 뻔했습니다."

나의 8촌 동생은 큰 사업을 하다가 부도를 내고 교도소에 갔다. 그러자 집에서 살림만 하던 제수가 생계를 책임지게 되었다.

목표가 있는데 미룬다면 아무것도 이룰 수 없다. 목표가 있고 실천한다면 원하는 것은 무엇이든 가질 수 있다.

If you have goals and procrastination you have nothing. If you have goals and you take action, you will have anything you want.

– 토머스 J. 빌로드(Thomas J. Vilord, 동기부여전문가)

제수는 자신이 어떻게 돈을 벌 수 있을지 궁리했고, 그때 떠오른 방법이 일본어 통역이었다. 대학 때 취미로 일본어를 배웠던 제수는 명동의 화장품 가게에 일본 관광객 전담으로 취직했다. 그렇게 일해서 얼마 안 되는 수입으로나마 생활을 꾸려나간다. 교도소에 있는 동생은 일본어로 가족을 먹여 살리는 아내가 그렇게 고마울 수 없다고 한다.

더 이상 좋아질 수 없을 정도로 완벽한 아이디어는 없다.
There's no good idea that cannot be improved on.
- 마이클 아이스너(Michael Eisner, 월트디즈니사 CEO)

계획 짤 시간도 없다면서 낭비할 시간은 있는가?

If you don't have time to plan, do you have time to waste?

- 피터 툴라(Peter Turla, 비즈니스컨설턴트)

행동하면 문제가
자연스럽게 풀린다

아마추어는 영감이 떠오를 때까지 앉아서 기다리지만, 프로는 자리를 박차고 일어나 일하러 간다.

Amateurs sit and wait for inspiration, the rest of us just get up and go to work.

- 스티븐 킹(Stephen King, 소설가)

세계적인 연구소에서 일하는 물리학자 친구가 서울에 왔다가 나에게 해준 이야기다.

미국으로 유학 간 청년이 그에게 전화해 말했다.

"박사님, 퀄(박사자격 시험)을 반년 정도 남겨둔 상황에서 자격시험 예상문제를 보면 절반도 모르겠습니다. 혹시 도움이 되는 정보나 말씀이 있다면 좀 알려주십시오."

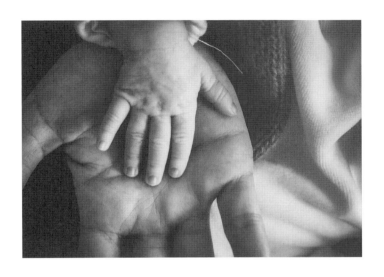

인생을 사랑하는가? 그렇다면 시간을 낭비하지 말라.
당신의 인생이 바로 시간으로 만들어졌다.

Dost thou love life? Then do not squander time,
for that's the stuff that life is made of.

- 벤저민 프랭클린(Benjamin Franklin, 정치인/발명가)

친구는 이렇게 대답했다.

"퀄이 6개월밖에 안 남았다면 그냥 문제집과 해답을 달달 외우세요. 일단 시험을 통과하고 나서 이해하십시오."

6개월 뒤 청년은 퀄 합격 소식을 알려왔다.

이해가 안 되는 과학 문제를 무조건 암기하다 보면 상당 부분 이치를 깨닫게 되기도 한다. 암기는 일단 행동하고 본다는 말이다. 즉, 모르더라도 또는 계획이 잡혀 있지 않더라도 일단 행동하면 해결될 수도 있다는 말이다.

지나치게 오래 기다리기보다는 빨리 행동하는 것이 좋다.

It is better to act too quickly than it is to wait too long.

- 잭 웰치(Jack Welch, GE 전 CEO)

참다운 근면성은 인간의 본성과는 반대 방향으로 달린다.
True diligence runs contrary to human nature.

- 스티븐 스콧(Steven Scott, 작가)

고통은
인생의 좋은 동반자다

양처럼 천 년을 사는 것보다는 호랑이처럼 하루를 사는 것이 낫다.
It is better to have lived one day as a tiger than a thousand years as a sheep.
– 티베트 속담

실천하지 않으면 아무것도 이룰 수 없다는 것은 누구나 아는 진리다. 하지만 원하는 것을 손에 쥐는 사람은 극히 적다. 고통을 피하려 하기 때문이다. 실천에는 반드시 고통이 따라붙는다.

꿈꾸기에는 고통이 없다. 꿈은 즐거운 상상이다. 그래서 사람은

지혜는 '치유된 고통'에 불과하다
Wisdom is nothing more than healed pain.
– 로버트 게리 리(Robert Gary Lee, 교육자)

꿈을 꾼다. 꿈의 성취는 실천이 축적된 결과인데, 실천은 곧 고통이다. 그래서 꿈을 이룬 사람이 적다.

고통을 얼마나 감내하느냐가 그 사람의 인생을 결정짓는다. 다행스럽게도 고통은 일정 수준에 도달하면 희열이 된다. 고통을 인내하면 희열을 맛보게 된다. 인생을 파멸시키는 희열이 아니라 인생을 성공시키는 참으로 좋은 희열이다.

성공은 세밀한 근면을 요구하고, 반복은 고통스런 인내를 필요로 한다.
Success takes scrupulous diligence ; to repeat takes strenuous perseverance.
- 살람 알 셰레이다(Salam Al Shereida, 비즈니스컨설턴트)

성공과 실패의 차이는 단 하나뿐인데,
그것은 실천 능력이 있느냐다.

The only difference between success and
failure is the ability to take action.

- 알렉산더 그레이엄 벨(Alexander Graham Bell, 과학자)

실천이
곧 성공이다

나는 열심히 일할수록 그만큼 더 행운이 따라온다는 사실을 알게 되었다.

I find that the harder I work, the more luck I seem to have.

– 토머스 제퍼슨(Thomas Jefferson, 미국 3대 대통령)

생각은 모든 탄생의 씨앗이다.

하지만 그 씨앗을 땅에 심지 않으면 아무것도 아니다.

교육을 통해 얻는 가장 가치 있는 성과는 반드시 해야 할 일이 있을 때 당신이 좋아하든 좋아하지 않든 무조건 반드시 해내는 능력이다.

Perhaps the most valuable result of an education is the ability to make yourself do the thing you have to do, when it ought to be done, whether you like it or not.

– 토머스 헉슬리(Thomas Huxley, 동물학자)

씨앗을 땅에 심는 것이 바로 실천이다.

실천은 힘들다.

사람들은 힘든 것을 하려 하지 않는다.

힘들어서 하지 않으면 아무것도 거둘 수 없다.

성공은 예외 없이 힘들고 고통스러운 실천을 먹고 태어난다.

실천의 결과는 달콤한 성공이다.

행동으로 당신이 설명되고, 당신이 어떤 사람인지를 알 수 있다.

Action will delineate and define you.

- 토머스 제퍼슨(Thomas Jefferson, 미국 3대 대통령)

도전이 있어서 인생이 재미있다.
도전의 극복으로 인생이 의미 있는 것이다.

Challenges are what make life interesting. Overcoming
them is what makes life meaningful.

– 조슈아 J. 마린(Joshua J. Marine, 저술가)

교도소 안에서도 세계적인 업적을 남길 수 있다

모든 조건이 완벽하게 준비될 때까지 기다렸다가는 시작도 해보지 못할 것이다.

If we wait for the moment when everything, absolutely everything is ready, we shall never begin.

– 이반 투르게네프(Ivan Turgenev, 소설가)

　　로버트 스트라우드는 아버지의 폭력을 견디지 못해 13세에 가출해서 알래스카 주에서 매춘업을 했고, 19세에 자신의 애인을 희롱하는 술집 종업원을 살해했다. 그는 12년 징역형을 선고받고 맥네일 교도소에서 수감 생활을 하던 중, 어머니가 먼 거리를 마다하지 않고 면회를 왔다는 사실을 숨기고 만나게 해주지 않은 교도관을 살해해 사형선고를 받고 독방에 수감되었다. 그 후 재심을 거쳐 무기징역으로 감형을 받았다.

'언젠가'는 당신의 꿈을 무덤까지 끌고 가는 질병이다.

'Someday' is disease that will take your dreams to the grave with you.

– 티모시 페리스(Timothy Ferriss, 기업가)

그는 어느 날 교도소 운동장을 산책하다가 병든 제비 세 마리를 발견하고 자신의 방으로 가져와 보살펴서 날려 보냈다. 그가 새에 관심이 있다는 것을 알게 된 교도관들이 카나리아를 키울 수 있게 해주어 300여 마리의 카나리아가 그의 방을 가득 채웠다. 그는 카나리아가 병들자 교도소 측에 부탁해서 구한 서적을 보며 연구를 거듭한 끝에 《카나리아의 질병(Diseases of Canaries)》이라는 학술 서적을 출간할 정도로 새 전문가가 되었다.

스트라우드는 73세의 나이로 사망하기까지 54년간이나 교도소에서 살았다. 하지만 그는 그 안에서 자신이 할 수 있는 일을 찾아 최선을 다했고, 그로 인해 세상에서 잊히지 않는 인물이 될 수 있었다.

성공이 당신에게 다가오는 것이 아니라 당신이 성공을 찾아가야 한다.
Success doesn't come to you, you've got to go to it.
- 마바 콜린스(Marva Collins, 교육자)

시간을 죽이는 대신 뭔가를 해라.
시간이 너를 죽인단다.

Do something instead of killing time.
Because time is killing you.

- 파울로 코엘료(Paulo Coelho, 소설가)

미루기는
지옥의 안내자다

미루기는 영혼의 납치자이자 지옥의 안내자다.

Procrastination is the kidnapper of souls, and the recruiting-officer of Hell.

– 에드워드 어빙(Edward Irving, 성직자)

거의 60여 년 전의 일이다.

청계천 판자촌에서 어렵게 사는 김씨 아저씨가 고물상을 하는 나의 아버지를 찾아왔다. 아버지는 고등학교까지 나오고 신체도 건강한 그가 생활고에 시달리는 것을 안타까워했다. 그는 일본인 아내와의 사이에 3남매를 두었다. 그 아줌마는 우리 집에 오면 밥 때까지 기다렸다가 배가 터지도록 식사를 하고는 아이들에게 줄 음식까지 한 보따리 싸가곤 했다. 그 모습을 보고 어머니는 혀를 찼다.

"해방되었을 때 부모님 따라 일본으로 돌아갔어야지……."

아저씨는 미군 부대에서 넝마가 몇 트럭 나와 자신이 아는 미군 상사가 보관하고 있는데, 자신에게 돈을 주면 그 물건을 갖다 주겠다고 했다. 미군 부대에서 나온 넝마는 고물상이 아주 좋아하는 물건이었다. 멀쩡한 옷은 추려서 따로 팔고, 못 쓰는 옷은 잘라 기계에서 나오는 기름을 닦는 용도로 공장에 납품했다. 그 과정에서 남는 지퍼, 단추는 따로 모아서 팔았다. 게다가 넝마에서 돈, 지포라이터, 담배, 군화, 심지어 총알 같은 것도 심심치 않게 나왔다.

그래서 아버지는 얼씨구나 하고 아저씨에게 물건값에다 수수료까지 챙겨서 돈을 주었다. 그런데 약속한 날짜가 되었는데도 물건이 오지 않았다. 일꾼을 시켜 집에 가보게 했는데, 아저씨는 술에 취해 잠들어 있었다.

아버지는 몹시 화가 나서 말했다.

"그놈이 나를 속였군! 돈을 찾아와!"

일꾼이 가서 아저씨를 데려왔다. 아저씨는 술을 마시는 데 쓴 약간의 돈을 제외하고 돈을 돌려주며 말했다.

"사장님, 제가 오랜만에 술을 마셔서 곯아떨어지는 바람에 미군

미루는 버릇은 우리의 삶에서 가장 중요한 것들을 빼앗는다.

Procrastination threatens to rob us of those
things that are most important in our lives.

- 리치 노튼(Richie Norton, 저술가)

부대에 가지 못했어요. 하지만 미군 부대에서 넝마가 나온 것은 사실입니다. 지금이라도 저하고 같이 가보시지요.”

하지만 아버지는 단호했다.

　“쓸데없는 소리 하지 말고 돌아가게!”

　나중에 알고 보니 미군 부대에서 상당한 분량의 넝마가 나온 것은 사실이었다. 아버지는 아저씨를 통해 미군 부대에서 넝마를 조달받게 되면 트럭 운전을 배우게 해서 먹고살게 해줄 생각이었다고 한다. 하지만 약속을 어기는 바람에 다시는 그를 보지 않게 되었다. 우리 집을 찾아와 허기진 배를 채우던 아줌마도 다시는 나타나지 않았다.

당신의 슬픔과 가난에는 그 누구도, 심지어 악마도 책임이 없다. 일부 사람들에게 붙어사는 시간의 원수들의 작품이라는 것이 있는데, 그 이름은 ‘게으름과 미루는 버릇’이다.

Nobody is responsible for your sorrows and poverty, not even the devil. It is the work of the enemies of time that lives in some men, and their names are, 'Laziness and Procrastination'.

– 마이클 배시 존슨(Michael Bassey Johnson, 동기부여전문가)

하루 종일 페이스북을 들여다본다는 것은
다른 사람들이 얼마나 발전하고 있느냐를 확인하기 위해
자신의 발전은 포기한다는 것을 뜻한다.

Spending all day scrolling through Facebook is to stop our
own progress to see how others progress in life….

– 로돌포 피온(Rodolfo Peon, 저술가)

소셜미디어에 하루 30분 이상 소비하지 마라

컴퓨터를 통해 뭔가를 읽을 때의 문제는 결단력, 눈의 피로, 욕조에 앉아서 읽을 때처럼 가독성이 있느냐가 아니다. 진짜 문제는 컴퓨터가 우리를 다른 것들로 유혹해서 장시간 쓸데없는 일에 신경 쓰게 한다는 것이다.

The problem with reading off a screen isn't resolution, eyestrain, or compatibility with reading in the bathtub: it's that computers are seductive, they tempt us to do other things, making concentrating on a long-form work impractical.

- 코리 닥터로(Cory Doctorow, 소설가/언론인)

컴퓨터가 보급되기 전에는 정보나 지식을 얻으려면 시간과 차비를 들여 반드시 서점이나 도서관을 찾아가야만 했다. 그렇다고 필요한 정보나 지식을 반드시 얻을 수 있는 것도 아니었다. 국내에서 얻을 수 없으면 해외에 거주하는 친지들을 통해 자료를 구해 오기도 했다. 그렇게 얻은 자료는 연필로 한 줄씩 짚어가며 정성

들여 읽곤 했다.

하지만 지금은 책이나 신문보다는 인터넷 검색을 통해 웬만한 정보나 지식을 얻을 수 있다. 필요한 정보와 지식을 손쉽게 접하게 된 것은 분명 좋은 일이지만 부작용도 상당하다. 먼저 정보가 너무 많다 보니 자신에게 꼭 필요한 자료를 정확히 찾는 데 시간이 걸린다. 또 정독률이 과거보다 훨씬 떨어지고 있다는 것도 문제다. 정독률이 떨어진다는 것은 깊은 생각을 별로 하지 않는다는 의미다.

그런데 그보다 더 심각한 문제가 있다. 컴퓨터를 사용하다 보니 업무보다는 메일 확인, 뉴스 검색, 유튜브 동영상 감상, 페이스북 또는 인스타그램 확인으로 상당한 시간을 소비한다는 것이다. 당연히 작업의 효율성이 떨어질 수밖에 없다.

나도 페이스북을 한 적이 있다. 새로운 사진을 촬영하러 쓸데없이 돌아다니고, 찍은 사진을 보정하는 데 꽤 시간을 썼다. 그러다가 문득 이런 생각이 들었다.

인터넷 웹은 정신을 이완시키면서 터무니없는 내용으로 산만하게 하는 위험한 곳이다.

The web is a dangerous place for a mind begging to slack off and be distracted by nonsense.

– 미셸 M. 필로우(Michelle M. Pillow, 작가)

'페이스북은 결국 자신이 잘 있다는 것을 과시하기 위한 자랑질이다. 이런 것을 할 시간에 고전 한 줄이라도 더 읽자.'

내 아들도 대학에 입학하고 난 뒤 수시로 페이스북에 사진과 글을 올려 자랑질을 했다.

"나는 이렇게 멋진 캠퍼스에서 친구들도 많이 사귀면서 열심히 공부하고 있어" 하는 과시였다.

그러다가 학년이 올라가면서 공부가 힘들어지자 자랑하고 싶은 생각이 사라지는가 싶더니 지금은 아예 계정을 없애버렸다. 아들이 내게 말했다.

"제 친구 중에는 이제 페이스북을 하는 애들이 거의 없어요."

소셜미디어는 당신의 시간을 빼앗아갈 뿐만 아니라 주의 결핍을 갖게 한다.
Social media not only snatches your time, but it also teaches you attention deficiency.
- 니라즈 아그니호트리(Neeraj Agnihotri, 사진작가)

78년 4개월하고도 3주 동안
나는 지루한 일은 신속히 해치우는 방식으로
치명적인 '미루는 습관'을 극복해왔다.

For 78 years, four months and three weeks
I've been meaning to overcome this fatal habit of postponing
the boring by quickly doing something nice instead – oh dear!

– 다이애너 애실(Diana Athill, 편집자)

1시간의
가격

내일 피어날 모든 꽃은 오늘 심은 씨앗 속에 있다.
All the flowers of all of the tomorrows are in the seeds of today.
- 중국 속담

시간이 순금보다 귀하다는 것은 누구나 다 안다. 하지만 시간을 소중하게 사용하는 사람은 극히 드물다.

오늘 오후 5시까지 1억 원이라는 돈을 은행에 입금하지 않으면 부도가 나는 상황인데, 다행히 거래처에서 그 돈을 대준다고 약속했다. 하지만 4시 59분까지 내 통장에 입금되지 않는다면, 나머지 1분의 가치는 1억 원 이상이 된다. 은행 측에서 입금 마감 시간을 10분간 연장해줄 테니 100만 원을 달라고 한다면(그럴 리 없지만), 대부분은 그 제안을 받아들일 것이다.

수천억 원을 가진 거부에게 의사는 오늘 밤을 넘기지 못하고 죽을 것이라고 말했다. 거부는 아들에게 반드시 들려줄 유언이 있다. 유럽 출장을 갔던 아들은 지금 오고 있지만 내일 아침에야 병원에 도착할 예정이다. 가족은 그가 아들을 만나지 못하고 죽을까 봐 애가 탄다.

이때 의사가 약 한 병을 가지고 병실로 들어온다.

"오늘 막 개발된 약입니다. 이 약을 주사하면 12시간을 더 살 수 있습니다. 가격은 2억 원입니다."

그렇다면 거부의 가족은 틀림없이 2억 원을 주고 12시간을 살 것이다.

친구가 학회에 참석하기 위해 미국에 가기로 한 날이다. 비행기 출발 시간은 저녁 7시경. 친구는 평소에도 약속 시각에 딱 맞춰 도착하도록 일정을 짜는 경향이 있다. 내가 미리 출발하라고 몇 번이나 이야기를 했는데도 그는 늘 그랬듯이 여유를 부리다가 4

완벽한 기회를 잡으려고 너무 많은 시간을 소비하지 마라. 그러다가 괜찮은 기회를 놓치게 된다.

Don't spend so much time trying to choose the perfect opportunity, that you miss the right opportunity.

– 마이클 델(Michael Dell, 사업가/자선가)

시가 넘어서야 공항버스에 올랐다.

그런데 퇴근 시간대가 가까운 데다 도로공사 구간까지 만나 공항버스가 꼼짝도 하지 않았다. 그제야 심각성을 깨달은 친구는 버스에서 내려 택시를 잡아탔다. 택시기사는 6시까지는 도저히 인천공항에 도착하지 못한다고 했다. 친구는 발을 동동 굴렀다.

"기사님, 제가 20만 원을 드릴 테니 다른 길로 돌아서라도 6시 전까지 무조건 공항에 갑시다."

그 말대로 기사는 친구를 6시 전에 데려다주었다. 하지만 항공사 직원은 고개를 절레절레 흔들었다.

"5분만 빨리 오시지 그러셨어요."

우리는 대부분 1시간을 모래보다 가치 없이 쓴다. 하지만 1시간이 1만 원, 5만 원, 10만 원, 100만 원, 1억 원, 10억 원 이상의 가치

당신은 충분히 생각해서 결정을 내렸어. 미루지 말라고. 심호흡을 하고 목적을 향해 달려가라고!

You've thought it through. Do not procrastinate. Take a deep breath, and go for it!

- 잇지 빅토리아 오디아세(Itzy Victoria Odiase, 마케팅전문가)

를 지닐 때가 있다.

1시간이 1만 원의 가치가 있다고 해도 우리는 순간을 낭비하려 하지 않을 것이다.

10만 원의 가치가 있다면 더욱 긴장할 것이다.

100만 원 가치가 있다면 1분을 금처럼 소중하게 생각하며 사용할 것이다.

시간은 돈이다!

걷는 법을 따른다고 해서 걷기를 배우는 것이 아니다.
걷다가 넘어지기도 하면서 걷기를 배우는 것이다.

You don't learn to walk by following rules.
You learn by doing, and by falling over.

– 리처드 브랜슨(Richard Branson, 기업가)

두려워하면
성장할 수 없다

당신이 반드시 죽는다는 사실을 기억하는 것이 뭔가 잃을 게 있다는 생각의
함정에 빠지지 않는 최고의 방법이다.
Remembering you are going to die is the best way to avoid the trap of
thinking you have something to lose.
- 스티브 잡스(Steve Jobs, 애플 창립자)

외국에서 대학을 나오거나 석·박사학위를 받으면 그 나라 말을 잘하리라 생각들 하지만 현실은 그렇지 않다. 아이비리그 대학을 졸업했는데도 영어를 할 때 버벅거리는 사람들이 많다. 대부분 미국인과 소통하기보다는 혼자 있기를 좋아하거나 한국 학생들과 어울리기를 좋아하는 경우다.

나의 큰아들은 공부와는 담을 쌓은 녀석이다. 고등학교를 졸업하고도 영어 실력은 중학교 1, 2학년 수준이었다. 그런데 지금은

영어 회화를 잘해서 듣는 사람들이 마치 현지인 같다고 칭찬할 정도다.

녀석은 미국 땅에 떨어지자마자 미국인이 운영하는 식당에 취직해서 하루 12시간씩 일했다. 그래서 한국 TV나 신문을 볼 틈이 없었다. 지금은 로스앤젤레스에 있는 한국인 회사에 다니고 있는데, 중요한 통역은 아들이 맡는다고 한다. 아버지와는 달리 자존심을 별로 내세우지 않는 성격이라 망신을 당해도 망신으로 받아들이지 않는다. 그러니 두려움도 없다.

아들은 고등학교 2학년 때까지 이른바 왕따였다. 일진들한테 돈, 운동화, 가방 등을 빼앗기고 툭하면 얻어맞기도 했다. 그래서 아침마다 학교에 가기 싫다고 징징거렸고, 나와 아내가 여러 번 학교로 찾아가 사태 해결을 촉구했지만 소용없었다.

그러던 어느 날, 나의 동생에게 돈을 빌려준 사채업자 조폭들이 우리 집을 찾아와 대신 돈을 갚으라고 협박했다. 부도를 내고 외국으로 도피한 동생은 교통사고로 사망하고 말았다. 나는 주저하지 않고 경찰에 신고했고, 조폭들은 줄행랑을 놓았다.

세상엔 두 종류의 사람이 있다. 일을 완수하고 싶어 하는 사람과 실수를 하지 않으려는 사람.

There are two kinds of people in this world; those who want to get things done and those who don't want to make mistakes.

- 존 맥스웰(John Maxwell, 목사/작가)

그날 나는 아들에게 말했다.

"일진들이 또 너를 괴롭히면 아빠처럼 바로 경찰에 신고해라."

다음 날, 일진들이 또 아들을 때렸다. 아들은 이판사판으로 경찰에 신고했고, 경찰이 학교로 찾아와 일진들에게 주의를 주고 돌아갔다. 그러고 나서 일진들이 또다시 아들을 때렸다. 아들은 그 즉시 신고했고, 경찰이 또 출동했다.

경찰은 일진들을 경찰서로 데려가서 조사하고는 "이런 일이 또 벌어지면 체포하겠다"고 경고한 뒤 집으로 돌려보냈다. 그 뒤로 아들은 일진들의 괴롭힘에서 벗어났다.

아들은 용기를 내서 경찰에 신고한 것을 계기로 일진의 공포에서는 자유로워졌지만 부작용도 있었다. 숙제를 안 해왔다고 체벌한 선생님을 경찰에 신고한 것이다. 그 때문에 경찰차가 학교로 들어와 선생님을 조사하는 사태가 벌어졌다.

그 일이 있고 나서는 아들이 숙제를 하든 말든, 수업 시간에 잠

실수로 점철된 인생은 아무것도 하지 않은 인생보다 영예로울 뿐만 아니라 유익하다.

A life spent making mistakes is not only more honorable, but more useful than a life spent doing nothing.

– 조지 버나드 쇼(George Bernard Shaw, 극작가)

을 자든 말든, 체육 시간에 운동장에 나가든 말든 어느 선생님도 관심을 주지 않았다. 워낙 공부와는 담을 쌓고 지냈으니 선생님이 녀석에게 신경을 써주었어도 달라지지는 않았겠지만, 신고 정신을 악용한 것은 괘씸했다. 하지만 경찰에 신고하는 바람에 폭력의 공포에서 벗어났고, 그 뒤로 매사에 겁을 내지 않고 적극적으로 대처하게 된 아들을 보면 참으로 다행스럽다.

강물이 바위를 뚫고 흐르는 것은 힘이 있어서가 아니라
끈질김 때문이다.

A river cuts through rock, not because of its
power, but because of its persistence.

– 제임스 N. 왓킨스(James N. Watkins, 작가)

끈기가
인생의 성패를 가른다

인내란 아주 힘든 일을 끝내고 지친 상태에서도 힘든 일을 계속하는 것이다.
Perseverance is the hard work you do after you get tired of doing the
hard work you already did.

- 뉴트 깅리치(Newt Gingrich, 정치가)

끈기란 어떤 상황에서도 근면을 지속하는 것을 말한다. 놀러
가고 싶은데 공부를 계속하거나 일을 하고, 피곤한데 침대에 눕기
보다는 할 일을 계속하는 것이다.

하루에 10시간 공부하겠다고 결심하고 한 달 동안 실천해왔는
데도 중요한 스포츠 게임을 한 번 보고 나서는 그 결심이 와르르
무너진다. 인내나 끈기를 유지하는 것은 이처럼 어려운 일이다. 예
를 들어 일기를 쓰는 데는 몇 분 걸리지 않는다. 하지만 10년 이상
일기를 쓰는 사람은 100명의 하나, 아니 1,000명의 하나도 되지

않을 것이다.

작가 중에서도 자신의 끈기를 은근히 자랑하는 사람들이 있다.

"난 지금까지 하루에 원고지 20매는 반드시 써왔습니다. 그 목표치에 도달할 때까지는 전화도 받지 않고 외출도 안 합니다."

프랑스의 마르셀 프루스트는 14년에 걸쳐 《잃어버린 시간을 찾아서》를 썼다. 20세기 가장 위대한 문학작품 중 하나로 꼽히는 이 작품은 우리나라에서 11권 분량으로 출간되었다.

프루스트는 불치병을 앓으면서도 이 작품에 매달렸다. 그의 비서에 따르면 그는 죽기 몇 달 전부터는 거의 식음을 끊은 채 원고를 썼다고 한다.

일본의 야마오카 소하치는 1950년부터 1967년까지 대하소설 《도쿠가와 이에야스》를 썼다. 우리나라에서는 《대망(大望)》이라는 제목으로 출간된 이 책의 분량은 67권이나 된다. 인류 역사상 가장 긴 소설이다.

달팽이는 인내로 방주에 올라설 수 있었다.
By perseverance, the snail reached the ark.
– 찰스 스펄전(Charles Spurgeon, 목사)

세계 역사상 가장 위대한 수학자 중 하나인 레온하르트 오일러는 50년간의 연구 생활을 통해 800편 이상의 논문을 썼고, 수십 권의 전공 서적을 출간했다. 이 책들은 소설이나 에세이처럼 가볍게 읽을 수 있는 책이 아니다. 심지어 그중 절반 정도는 60대에 시력을 상실하고 사망할 때까지 쓴 것들이다.

이 정도는 돼야 끈기, 인내가 있다고 말할 수 있는 것이다.

인내와 참을성은 어려움과 장애가 사라지게 하는 마력을 갖고 있다.

Patience and perseverance have a magical effect before which difficulties disappear and obstacles vanish.

- 존 퀸시 애덤스(John Quincy Adams, 미국 6대 대통령)

당신은 내가 분투하는 것은 보겠지만
내가 중단하는 것은 보지 못할 것이다.

You may see me struggle but you will never see me quit.

- 루이스 달토(Louis D'Alto, 영화배우)

열등생을 성공시킨
선생님의 조롱

최선을 다해 공부해서 더 이상 쌓을 수 없을 만큼의 지식에 행복해져라.

Work as hard as you can and then be happy in the knowledge you couldn't have done any more.

– 미상

한 의상 디자이너에게서 그를 가르친 스승 D에 대한 이야기를 들었다.

D는 유명한 여성 디자이너였다. 그녀는 여자 상업고등학교를 졸업한 뒤 디자이너의 꿈을 안고 복장 학원에 다녔다. 비록 솜씨

조용히 최선을 다해 일하고, 성공이 시끄럽게 알려지도록 하라.

Work hard in silence, let your success be your noise.

– 프랭크 오션(Frank Ocean, 가수)

가 너무 없어서 선생님이나 다른 수강생에게 무시를 당했지만, 그래도 꾸준히 다녔다.

다른 수강생들은 선생님의 추천으로 취직을 하는데, D는 수년을 다녀도 추천을 해주지 않았다. 그래서 어느 날 선생님에게 자신의 일자리를 알아봐 달라고 말했다. 그러자 선생님은 이렇게 말했다.

"네까짓 게 뭘 할 줄 안다고 취직자리를 알아봐 달래!"

그 말에 D는 학원을 뛰쳐나왔고, 엉엉 울면서 집까지 걸어갔다.

그 뒤 D는 다른 학원으로 옮겨 새벽 1, 2시까지 옷감을 붙들고 연습했다. 자신에게 모욕을 준 선생님에게 복수하겠다고 이를 악문 것이다.

결국 D는 유명한 디자이너가 되었다. 선생님의 모욕이 그녀를 크게 성공시킨 셈이다.

보통 사람과 크게 성공한 사람을 가르는 것은 아주 적은 노력이 더해졌느냐이다.

The difference between ordinary and extraordinary is that little extra.

– 지미 존슨(Jimmy Johnson, 미식축구감독)

격정은 어리석다.
우산을 쓰고 비 오기를 기다리며 배회하는 것과 다를 바 없다.

Worrying is stupid. It is like walking around with
an umbrella waiting for it to rain.

– 위즈 칼리파(Wiz Khalifa, 가수)

행동하지 않으면
두려워진다

격정한다고 내일의 문제가 사라지지 않는다. 오늘의 평화만 없어질 뿐이다.

Worrying does not take away tomorrow's troubles. It takes away today's peace.

- 랜디 암스트롱(Randy Armstrong, 작곡가)

내가 중고등학교에 다닐 때는 단체 기합이라는 게 있었다. 수업 시간에 떠들었거나 교실 청소가 제대로 되지 않았다는 이유로 담임 선생님이 몽둥이를 들고 교실에 들어오면 가슴이 철렁 내려앉았다. 그러면 나는 가장 먼저 앞으로 나가 엉덩이에 '빳다'를 맞았다. 아픔이 지나가고 나면 친구 녀석들이 겁먹은 얼굴로 차례를 기다리는 모습, 엉덩이를 손으로 감싸 쥐고 주저앉는 모습을 여유롭게 즐길 수 있었다. 피할 수 없는 것은 먼저 하고 볼 일이다.

일도 마찬가지다. 마쳐야 할 일을 나중으로 미룬다고 해서 그것

두려움에서 벗어나는 방법은 두려움을 빙 둘러 가지 말고
정면으로 그 속을 뚫고 지나가는 것이다.

To escape fear, you have to go through it, not around.

– 리치 노튼(Richie Norton, 저술가)

이 없어지지는 않는다. 미루고 나면 언젠가는 그 일을 마쳐야 한다는 중압감이 더해진다. 그 중압감이 피곤을 불러일으켜 오히려 그 일을 하지 못하게 방해한다.

큰 죄를 짓고 외국으로 도망갔다가 10여 년 만에 현지 경찰에 체포되어 한국으로 강제 이송된 사람의 후회를 들은 적이 있다.

"죄를 짓자마자 재판을 받고 교도소에 수감되었더라면 벌써 만기 출소해서 자유롭게 살고 있을 텐데……. 외국에 체류하는 동안 한시도 편한 날이 없었다. 지금부터 갇혀 지낼 생각을 하니 암담하기만 하다."

피할 수 없는 일을 선제적으로 완수하면 두려움을 피할 수 있다. 그리고 성공의 길로 들어설 수 있다. 모든 일에 적극적으로 대응하고 볼 일이다.

가만히 앉아 있으면 두려움이 생긴다. 행동해야 두려움을 극복할 수 있다.
We generate fears while we sit. We overcome them by action.
- 헨리 링크(Henry Link, 힙합댄서)

꿈과 현실의 차이는 행동이다.

The distance between dreams and reality is called action.

– 미상

현실을 무시하면
모든 상상이 무너진다

> 현실과 싸우면 당신만 괴롭다.
> If you argue against reality you will suffer.
> - 브라이언 케이티(Byron Katie, 연설가/작가)

게으른 사람은 요행을 바란다. 게으르게 보낸 시간이 축적될수록 허비한 시간을 만회할 수 없다는 자괴감을 숨기려고 더욱더 요행을 바란다. 노력한 자들을 따라 한 번의 기회로 따라잡을 수 있다는 상상을 붙들고 늘어지는 것이다. 즉, 복권 당첨 같은 꿈을 꾸는 것이다.

한 40대 남자가 나에게 자신의 이야기를 소설로 써달라며 찾아왔다. 도박업소, 매춘업소에서 일하며 젊은 시절을 다 보내고 빈털터리가 되어 중년에 들어설 때까지의 이야기였다.

나는 일단 물었다.

"왜 책을 내려고 합니까?"

"영화나 드라마로 만들려고 합니다."

"누가 영화로 제작해준다고 합니까?"

"내 친구의 형님이 영화감독입니다. 책이 나오면 영화를 만들 수 있다고 합니다."

나는 요즘 출판계가 워낙 불황이어서 신간 100종이 나오면 그 중에서 수익이 남는 책은 20여 종이 될까 말까인데, 소설의 경우는 그 비율이 더욱 떨어진다는 점을 설명했다. 그리고 소설이 영화나 드라마로 만들어지는 비율은 5천분의 1도 안 될 것이라는 점을 여러 번 강조했다. 하지만 그는 자신의 이야기는 틀림없이 성공할 수 있다고 자신했다.

경제적으로 쪼들리는 작가라 해도 이런 사람에게서 일을 의뢰받으면 나중에 골치 아파지는 경우가 흔하기 때문에 망설이게 마

아침마다 당신에겐 두 가지 선택이 놓인다. 계속 잠자면서 꿈을 꾸는 것, 일어나 그 꿈을 뒤쫓는 것.

Every morning you have two choices; continue to sleep with your dreams, or wake up and chase them.

- 카멜로 앤서니(Carmelo Anthony, 농구선수)

런이다. 나는 고심 끝에 계약서에 이런 조항을 써 넣었다.

1. 출판비용은 자비로 한다.
2. 책이 안 팔려도 대필 작가는 전혀 책임을 지지 않는다.
3. 영화나 드라마 제작에 대해서 대필 작가는 어떤 책임도 지지 않으며, 또 그러한 일에 관여하지 않는다.

그렇게 해서 원고를 완성한 뒤 자비출판 전문 출판사로 보냈더니 이런 답이 돌아왔다.

"원고를 읽고 나서 느끼는 바입니다만, 솔직히 출판을 권해드리고 싶지 않습니다. 그래도 출판 의향이 있으시면 제작비용을 대실 분을 만나보고 결정하지요."

결국 책이 출판되었고 나의 불안은 현실화되었다. 남자는 그 책을 들고 방송국, 영화사 등을 좇아다녔다. 내가 영화화 가능성이 0.001%도 안 될뿐더러 영화나 드라마로 만들어져 성공한다 해도 작가에게는 많아야 5천만 원 정도가 들어오니, 헛된 꿈 꾸지 말고 다른 일을 해서 돈을 벌라고 해도 막무가내였다. 나중에는 내 입에서 "이럴 줄 알았으면 책을 안 써줬을 겁니다"라는 말이 튀어나왔다. 남자는 그 말에 자존심이 상했는지 버럭 화를 내고는 사라졌다. 그러고는 연락이 없었다.

전직 은행 지점장도 자신의 경험을 책으로 내면 대박을 칠 것이라고 나를 괴롭혔다. 영화감독, 중국무술의 달인, 게임 개발업자, 부동산 전문가 등에게서도 제의를 받았다. 그들 가운데 자신의 책이 실패할 것으로 생각하는 사람은 하나도 없었다. 80% 이상이 실패하는 것이 현실인데 말이다.

내가 경험해보니 상상은 꿀처럼 달지만 현실은 어깨에 물동이를 들고 서 있는 것처럼 고통스럽다. 상상 속으로 도망쳐 일순간 그 고통을 피할 수는 있지만, 상상 속에서는 오래 머무를 수 없다. 현실로 돌아오면 미뤄두었던 고통을 한꺼번에 들어야 한다. 그 고통이 축적되어 무게가 한층 가중되면 정신과 몸이 그것을 감당해낼 수 없게 된다.

매 순간의 고통은 반드시 그 순간에 소화해내야 한다. 그것이 잘 사는 비결이다.

인생의 가장 큰 고통은 꿈에서 깨어났을 때 갈 길이 없는 것이다.
- 루쉰(魯迅, 문학가/사상가)

성공하기 위해서는 당신이 가는 길에 놓인 모든 도전을 받아들여야 한다.
당신이 좋아하는 것만 받아들일 수는 없다.

To be successful you must accept all challenges that come
your way. You can't just accept the ones you like.

– 마이크 가프카(Mike Gafka, 비즈니스전략가)

미루는 버릇은
긍정적 사고의 아들이다

성공적인 사람들은 성공하지 못한 사람들이 하기 싫은 일을 한다. 일이 쉽기
를 바라지 말고 당신이 잘해내기를 바라라.

Successful people do what unsuccessful people are not willing to do.
Don't wish it were easier; wish you were better.

— 짐 론(Jim Rohn, 기업가)

    대부분의 사람은 긍정적 사고가 모든 성공의 비결이고 부정적
사고는 절대로 피해야 한다고 믿는다. 일부는 맞는 말이다. 하지만
긍정적 사고로 인해 할 일을 미루고 싶은 유혹을 느끼는 것이 문
제다.

    한 달 걸리는 일을 긍정적 사고로 25일 만에 해낼 수 있다고 생
각하는 순간, 여지없이 5일을 낭비하게 된다. 20일 만에 해낼 수
있다고 생각하면 10일을 그냥 보내게 되고, 15일 만에 해낼 수 있

하지만 내 등 뒤에선
시간이라는 날개 달린 마차가 바짝 따라오는 소리가 들린다.
But at my back I always hear Time's winged chariot hurrying near.
- 앤드류 마블(Andrew Marvell, 시인)

다고 생각하면 보름을 그냥 허비하게 된다. 시간이 점점 줄어들면서 좀 더 강렬한 긍정적 사고가 필요해지고, 긍정적 사고와 연관된 요행이나 기적을 찾게 된다.

다른 사람들은 한 달 걸리는 일이지만 나에겐 두 달이 필요하다고 생각하면 미루지 않게 된다. 따라서 자신의 능력을 낮추면 생산성이 더 높아지기도 한다. 게다가 대충대충 넘어가지 않고 꼼꼼하게 일해서 신뢰감을 얻을 수 있다.

따라서 아무리 쉬운 일이라도 내 능력으로는 어렵다고 생각하는 것이 좋다. 그래야 게으르지 않게 되고, 미루지 않게 된다.

집중한다는 것은 근면하다는 의미이고, 근면은 사람을 부유하게 만든다

Being focused means been diligence and diligence always makes a person rich.

– 선데이 아델라자(Sunday Adelaja, 목사)

행동보다 변명거리가 더 많다면
어떻게 만족스러운 삶을 영위한단 말인가?

How can you attain satisfaction if you have more excuses than action?

– 스탠리 빅터 파스카비치(Stanley Victor Paskavich, 저술가)

변명하지
마라

변명을 만들지 마라. 그 변명이 아무리 그럴싸할지라도 사람들은 당신의 자격과 가치를 낮추게 된다.

Stop creating and inventing excuses, no matter how reasonable they may sound…. They still reduce your worth & value.

– 자아친마 아구(Jaachynma N. E. Agu, 저술가)

미루는 버릇에는 반드시 핑계가 따른다. 어머니가 아프셔서, 친구의 아버지가 돌아가셔서, 외국에서 중요한 손님이 와서, 아이디어가 떠오르지 않아서, 생각보다 어려운 일이라서, 더 좋은 결과를 낳기 위해……. 한두 번의 핑계는 넘어가지만, 그 이상이 되면 신뢰를 잃게 되고 무시를 당하게 되어 스스로 어려운 지경으로 추락한다.

나의 누이가 겪은 일이다.

검사를 지낸 변호사에게 사건을 부탁했는데, 그가 기한 내에 법률 문서를 법원에 제출하지 않아 패소하는 바람에 누이는 엄청난 손해를 봤다. 변호사는 누이에게 싹싹 빌면서 손해배상을 해 주었다.

그런데 그 변호사가 내 누이 건에만 그렇게 게으름을 부린 것은 아니었던 모양이다. 이 글을 쓰기 바로 직전 이름을 검색해보니 더 이상 변호업을 하지 않는지 이름을 찾을 수 없었다.

글쓰기를 직업으로 하는 사람들은 대개 미루기를 당연시한다. 하지만 미루기를 몇 번 반복하다가는 더 이상 의뢰가 들어오지 않는다. 내 경험상 내가 최선을 다해 원고를 썼을 때는 출판사에서 설사 그 원고가 마음에 들지 않더라도 정성을 고려해 별로 질책하지 않는다. 나아가 다시 기회를 주거나 내가 더 잘 쓸 것 같은 프로젝트를 제시한다. 하지만 게으름의 흔적이 농후할 때는 차갑게 등을 돌린다.

베스트셀러 작가라고 하면 출판사들이 원고를 받기 위해 경쟁적으로 줄을 설 것이라 생각하겠지만, 사실은 그렇지 않다. 꾸준

남들을 탓하면서 비난하는 것은 당신 자신에 대한 진실을 숨기는 것이다.
When you blame and criticize others, you are avoiding some truth about yourself.
- 디팍 초프라(Deepak Chopra, 의사/저술가)

하게 글을 쓰는 작가에게만 그렇게 하고 게으름을 피우는데 어쩌다 인기를 끈, 게다가 형편없는 원고로 베스트셀러 작가가 된 사람에게는 싸늘하다. 요행이 그 작가에게 반복되지 않으리라는 것을 알기 때문이다.

어느 분야에서나 꾸준히 노력하면 최소한 일거리가 끊이지 않는다.

실패의 99%는 변명하는 습관이 있는 사람들에게서 나온다.

Ninety-nine percent of the failures come from people who have the habit of making excuses.

- 조지 워싱턴 카버(George Washington Carver, 농학자)

하나님은 자기 일에 근면한 사람을 사용하신다.

God will use anybody that will show diligence in his work.

– 선데이 아델라자(Sunday Adelaja, 목사)

하나님은 자기 일에
근면한 사람을 사용하신다 /

당신이 하는 일에 성실하고 근면하면 하나님은 당신을 왕 앞에 세울 것이다.

If you are faithful and diligent in your work, God will place you before
kings.

– 선데이 아델라자(Sunday Adelaja, 목사)

종교를 믿는 사람 중에는 자기 할 일을 게을리하면서도 신앙생활에 치중하면 신이 자신이 원하는 바를 이루어주실 것이라 믿는 사람들이 있다. 기독교 신자인 나는 그런 식의 설교를 귀에 못이 박히도록 들어왔다.

한 부흥강사는 이렇게 말하기도 했다.

"여러분의 어린 딸이 어려운 숙제를 하던 중 피곤을 이기지 못해 그만 깊은 잠에 빠져듭니다. 잠을 자면서도 걱정하던 딸이 깜짝 놀라

눈을 떠보니 벌써 학교 갈 시간입니다. 울고 싶은 심정으로 노트를 바라보니 숙제가 완벽히 끝나 있습니다. 아버지가 해놓으신 거지요. 하나님이 바로 그런 분입니다. 무슨 문제라도 걱정 말고 하나님 앞으로 가져오십시오. 여러분 혼자 가슴에 품고 끙끙거려도 아무 소용이 없습니다."

이런 설교를 믿으면 정말 큰일 난다.

문제를 피한다고 해서 그 문제가 저절로 풀리지는 않는다.

공부할 시간에 종교 활동에 치중해서 변호사, 의사, 박사, 대학 교수, 공무원이 된 사람이 있는가?

손발을 놀려 건물을 짓기보다는 종교 활동을 열심히 해서 저절로 세워진 건물이 역사상 단 한 채라도 있는가?

마라톤 경기에 참여한 선수가 발로 뛰는 대신 기도만 해서 전 구간을 완주한 사례가 단 한 건이라도 있는가?

정면으로 맞서야 해결의 기회를 찾을 수 있다. 걷지 않으면 앞으로 나가지 못한다. 이것이 진리다.

근면은 행운의 어머니다. 선의의 목적은 근면의 반대인 게으름을 통해서는 결코 성취되지 않는다.

Diligence is the mother of good fortune, and the goal of a good intention was never reached through its opposite, laziness.

- 미겔 데 세르반테스(Miguel de Cervantes, 소설가)

자신이 세상을 바꿀 수 있다고 믿는
정신 나간 사람들이 정말로 세상을 바꾼다.

The people who are crazy enough to believe they
can change the world are the ones who do.

- 스티브 잡스(Steve Jobs, 애플 창립자)

성공하는 사람은 무리와는 다른 길을 간다

자신의 꿈을 좇는 동기부여가 된 사람들은 게으른 사람들의 눈에 미친 것처럼 보인다.

The thing about motivated people chasing their dream is they look crazy to lazy people.

- 알베르트 아인슈타인(Albert Einstein, 물리학자)

나이 70이 넘은 사촌형이 있다. 이 형은 3류 고등학교를 다녔다. 매해 연고대 비인기학과에 한두 명 정도의 합격생을 내는 그런 학교였다.

사실 예비고사가 생기기 전인 1960년대에는 아무리 공부를 못해도 원하면 얼마든지 대학에 들어갈 수 있었다. 정원 미달인 학교, 학과가 많았기 때문이다. 따라서 3류 고등학교의 꼴찌라도 대학생이 될 수 있었다.

사촌형의 친구 중에 꼴찌가 있었다. 그 꼴찌는 지방대학에 새로 생긴 조선공학과에 들어갔다. 물론 미달이었다. 친구들은 서울에 있는 대학에 들어가지 않고 전망도 없는 지방대학의 조선공학과에 들어갔다고 놀렸다.

　얼마 뒤 한국에 조선소가 생겼다. 그 꼴찌가 대학에 들어가서 마음을 고쳐먹고 공부를 열심히 했는지는 알 수 없지만, 그는 졸업하자마자 조선소에 취직이 되었다. 인문사회계로 진학했던 친구들은 대부분 실업자 신세인데 그 꼴찌만 승승장구했다. 그는 부사장으로 승진했다.
　사촌형이 말했다.

　"사람 팔자 정말 몰라. 그놈이 성공한 건 순전히 조선공학과에 들어갔기 때문이야."

다른 사람들이 하는 대로 하면 그들이 얻는 것만 얻게 될 것이다. 세계적인 성공은 세계적인 선택의 결과이다. 그 선택 중에서 가장 어려운 것은 골칫거리의 길을 가는 것이다.

If you do what everyone else is doing, you'll get what everyone else has. World-class success requires world-class choices. One of the most difficult of these choices is to be a black sheep.

- 앤서니 무어(Anthony Moore, 작곡가)

조선공학과의 전망이 앞으로도 좋다는 말은 아니다. 미래에 유망한 분야를 정확히 예측할 수도 없다. 따라서 남의 말에 지나치게 의존하기보다는 자신의 의지, 취향, 판단에 따라 갈 길을 정해야 한다.

내 철학은 당신이 당신의 삶에 책임이 있을 뿐만 아니라 이 순간에 최선을 다함으로써 다음 순간 당신이 최고의 자리에 올라간다는 것이다.

My philosophy is that not only are you responsible for your life, but doing the best at this moment puts you in the best place for the next moment.

- 오프라 윈프리(Oprah Winfrey, 방송인)

꿈은 마술을 통해 현실이 되지 않는다.
땀, 의지 그리고 노력을 통해 이루어진다.

A dream doesn't become reality through magic; it
takes sweat, determination and hard work.

– 콜린 파월(Colin Powell, 군인/정치인)

부지런해야
당당해진다

발견은 모든 사람이 보는 것과 아무도 생각하지 않는 생각으로 이루어진다.

Discovery consists of seeing what everybody has seen and thinking what nobody has thought.

– 얼베르트 센트죄르지(Albert Szent-Gyorgyi, 화학자)

세상 사람들은 수천 년 동안 지구상에 살아오면서 사과가 땅으로 떨어지는 이유를 알려고 하지 않았다. 그저 당연하게 받아들였을 뿐이다. 하지만 아이작 뉴턴은 사과가 땅으로 떨어지는 현상에 의문을 품었고, 그에 대해 연구한 결과 만유인력의 법칙을 발견했다.

한 생명과학자는 잠을 자다가도 아이디어가 떠오르면 새벽이라도 연구실로 달려간다. 혹시라도 중요한 것을 발견할지 모른다는 기대감으로 심장이 뛰기도 한다.

이런 기대감이 떨어지면 자꾸 할 일을 미루게 된다. 미국에서 대학에 다니는 나의 둘째 아들이 다른 대학에 근무하는 한국인 교수의 집에 초대를 받아 방문한 적이 있다. 교수는 60대 초반의 의학 연구자였다.

교수의 식구들은 TV를 보고 있었는데, 교수 부인이 남편을 가리키며 내 아들에게 흉을 보았다.

"저 양반이 젊었을 땐 연구를 열심히 했는데 지금은 안 해. 집에 오면 TV만 봐. 꼴도 보기 싫어. 저 양반이 연구하는 모습이 보기 좋아 결혼했는데, 그런 열심은 얼마 안 가고 누워서 TV 보는 게 본모습이야. 학생은 저 양반처럼 되지 마."

그러자 교수가 말했다.

"연구를 게을리하면 집에서나 학교에서나 눈치가 보이고 떳떳하지 못해. 학교에선 은근히 빨리 나가줬으면 하고, 집에선 학교에서 쫓

앞으로 5년 후 당신의 모습은 당신이 어떤 책을 읽었느냐, 요즘 어떤 사람들과 교류하느냐로 결정될 것이다.

The person you will be in 5 years is based on the books you read and the people you surround yourself with today.

– 미상

겨나 돈을 못 벌어올까 걱정하지. 내가 언제부터 이렇게 늘어지게 되었는지 모르겠네. 자네는 나처럼 되지 말라고."

당신이 말할 때는 당신이 이미 알고 있는 것을 반복한다. 하지만 남의 말을 들으면 뭔가 새로운 것을 배우게 된다.

When you talk, you are only repeating what you already know. But if you listen, you may learn something new.

- 달라이 라마(Dalai Lama, 티베트의 지도자)

당신의 시간은 너무 소중하기 때문에
당신을 인정하지 않는 사람들을 위해 써서는 안 된다.

Your time is way too valuable to be wasting on
people that can't accept who you are.

- 터코아 오미넥(Turcois Ominek, 저술가)

시간 낭비를 줄이는
7가지 습관*

성공하지 못하는 사람들은 현재에 집중하지 못한다. 앞으로 닥칠 일과 과거에만 신경 써서 에너지를 낭비한다.

Unsuccessful people aren't able to focus on the present, instead constantly distracted by what's to come or what's already happened.

- 버사 사뮤엘(Bertha Samuel, 직업 미상)

인생의 자원 중에서 가장 중요한 것은 시간이다. 중요한 순위를 정해 가장 많은 결실을 기대할 수 있는 것부터 이행해야 한다. 우리는 중요하지 않은 것에 시간을 낭비하는 경향이 있다. 시간 낭비를 대폭 줄이는 습관이 몸에 배게 해야 한다.

---

*Siim Land. (March 9, 2018). 7 Ways How to Waste Less Time(Stop Wasting Time and Do More of What You Love). http://siimland.com/how-to-waste-less-time/

1. 우선순위를 정한다.

가장 중요한 것에 집중한다. 인생의 성공에 도움이 되지 않는 물건, 취미, 버릇 등에 시간과 에너지를 쓰지 않도록 한다.

2. 음식 먹는 빈도를 줄인다.

정해진 식사 외에는 되도록 음식을 섭취하지 않는다. 잠시 휴식을 한다고 커피 한 잔을 마시는 것으로 몇 시간을 낭비하기도 한다.

3. 정신의 산만함을 피한다.

인터넷처럼 정신을 산만하게 하는 것이 없다. 사람들은 스마트폰에서 한시도 눈을 떼지 않고 뉴스, 이메일, 트위터, 페이스북, 유튜브 등을 확인한다. 이러한 행위의 99%는 자신의 주업무와 전혀 관계가 없다.

4. 멀티태스킹(multi-tasking)을 하지 않는다.

인간은 한 번에 2가지 이상의 작업을 효율적으로 하기 어렵다. 2가지 이상의 작업을 하면 집중도가 떨어진다. 공장에서 1시간 일한 뒤 1시간 동안 소설을 썼다가 다시 공장에서 일한다면, 두 뇌는 일을 바꿀 때마다 리셋(reset) 과정을 거쳐야 한다. 일에 정신을 집중할 수가 없다. 창의적이고 두뇌를 집중해야 하는 프로그래밍, 글쓰기, 수학문제 풀기 같은 복잡한 인지 작업을 할 때는 멀티태스킹을 피하라. 하지만 산책하며 음악 듣기, 커피 마시면서 프로젝트 생각하기 등은 상관없다.

5. 필요치 않은 것은 생각도 하지 말라.

소용없는 것들, 행동, 자신에게 도움되지 않는 사람들 때문에 시간을 낭비하지 않으려면 그러한 것들을 아예 생각하지 말아야 한다. 그렇다고 사람인 이상 자신에 대해 부정적인 이야기를 하거나 부정적인 느낌을 아예 안 가질 수는 없다. 단지 너무 깊은 생각이나 느낌에 빠지지 말라는 것이다.

누가 당신에게 핑크빛 코끼리에 대해 생각하지 말라고 한다고 해서 생각하지 않게 되는가? 아마 당신은 그 말을 듣는 순간 핑크빛 코끼리를 생각하기 시작할 것이다. 이미 저지른 실수를 너무 고민하지 말라. 실수를 통해 배운 바가 있을 것이다. 그저 다시 앞으로 나가면 된다.

6. 행동해선 안 될 목록(Not-To-Do List)을 작성하라.

어떤 일이 있어도 반드시 피해야 할 행동의 목록을 작성해야 한다. 예를 들어 다음과 같은 것이다.

:: 이메일 확인은 하루에 단 한 번만 한다.

:: 집중적으로 서너 시간 일하지 않고는 소셜미디어를 확인하

지 않는다.

:: 정오가 되기 전에는 음식을 먹지 않는다.

:: 중요치 않은 것은 삶 속에 끌어들이지 않는다.

:: 집중적으로 일할 때는 멀티태스킹을 하지 않는다.

:: 정신이 산만해지지 않도록 껌을 씹지 않는다.

7. 일을 능력에 맞게 배분하라.

내 능력으로 가능한 만큼만 직무를 맡는다. 어떤 일을 더 잘하는 사람이 있으면 그 사람에게 그 일을 할당한다. 자신의 능력으로 벅찬 일을 해결하기 위해 시간을 낭비하지 말고, 과감히 그 일을 할 수 있는 사람을 불러라.

시간이 없다는 말을 하지 마라. 당신에게는 헬렌 켈러, 파스퇴르, 미켈란젤로, 테레사 수녀, 레오나르도 다빈치, 토머스 제퍼슨, 알베르트 아인슈타인에게와 마찬가지로 하루 24시간이 주어졌다.

Don't say you don't have enough time. You have exactly the same number of hours per day that were given to Helen Keller, Pasteur, Michelangelo, Mother Teresea, Leonardo da Vinci, Thomas Jefferson, and Albert Einstein.

- H. 잭슨 브라운 주니어(H. Jackson Brown Jr., 작가)

내일 죽을 것처럼 살라.
영원히 살 것처럼 배우라.

Live as if you were to die tomorrow.
Learn as if you were to live forever.

- 마하트마 간디(Mahatma Gandhi, 정치인)

결국,
노력이다

사람들이 내가 얼마나 힘들여 작품을 만드는 줄 안다면 내 노력에 비해 내
작품이 그리 대단하게 보이지 않을 것이다.

If people knew how hard I worked to achieve my mastery, it wouldn't
seem so wonderful after all.

- 미켈란젤로(Michelangelo, 조각가/건축가)

일을 미루는 사람은 일을 열심히 하는 사람을 부러워한다. 자
신도 소매를 걷어붙이고 일을 시작할 수 있는데 다시 내일로 미룬
다. 내일은 한 달이 되고, 일 년이 되고, 평생이 된다.

나는 미루는 습관의 노예였다. 나 말고도 미루는 습관의 노예
들은 사방에 깔려 있다.

내가 어렸을 적 일이다. 내 친구 종원(가명)은 판잣집에서 살았
는데 그마저도 월세였다. 그의 아버지는 좋은 고등학교를 나온 유

식한 분이었는데 거의 매일 방에 누워 신문만 봤다. 종원의 어머니가 돈 벌어오지 않는다고 울며 남편을 원망하던 장면이 지금도 눈에 선하다.

그에 비해 나의 아버지는 초등학교도 안 다녔지만 새벽부터 밤까지 열심히 일했다. 내가 종원의 집으로 놀러 가면 그의 어머니는 내게 이렇게 말하곤 했다.

"너는 참 좋겠다, 부지런한 아버지가 계셔서."

나는 3류 대학 출신이다. 그런데 그 학교를 나와서도 성공한 친구들이 꽤 있다. 방송국 기자가 되어 해외특파원을 한 친구도 있고, 은행 지점장을 지낸 친구도 있고, 국회의원을 지낸 친구도 있고, 무역회사를 하는 친구도 있다.

가만 생각해보니 이들에겐 공통점이 있었다. 강의가 없을 때는 거의 도서관에서 살았다는 것이다. 당시에도 3류 대학을 졸업하

나는 무서운 노력 없이 정상에 오른 사람을 알지 못한다. 무서운 노력이야말로 성공의 비결이다. 노력한다고 해서 반드시 정상에 오르는 것은 아니지만 그 근처에는 도달할 수 있다.

I do not know anyone who has got to the top without hard work. That is the recipe. It will not always get you to the top, but it should get you pretty near.

- 마거릿 대처(Margaret Thatcher, 정치인)

면 그럴듯한 직장을 구하기가 힘들었는데, 그래도 실력이 있으면 다들 좋은 곳에 취직했다.

미국에 있을 때 경영학 박사과정의 한국 학생을 만났다. 나이가 40에 가까웠는데, 다행히 등록금을 면제받고 교수에게 매달 생활비를 받았다. 그래도 생활이 어려워서 그의 아내가 한국 식당에서 일해 돈을 벌었다. 아이들은 한국 할머니 집에 있다고 했다.

나는 이 사람처럼 지독하게 공부하는 사람을 보지 못했다. 고생하는 아내에게도 미안하고, 아이들을 대신 키워주시는 어머니의 고생을 빨리 덜어드리기 위해서였다. 그는 정말 죽기 살기로 공부해서 4년 만에 학위를 받고 귀국했다. 나이가 많아 대학교수가 되지는 못했지만 금융계로 들어가 거의 정상급까지 올라갔다.

나는 그에게 꾸지람을 자주 들었다.

"자네는 공부하러 미국 왔나, 아니면 주저앉으려고 왔나? 부모님이 자네가 박사 되기를 고대하실 텐데 쓸데없는 짓만 하고 돌아다니면 어떡하나? 제발 공부 좀 해!"

그래도 내가 공부를 안 하고 싸돌아다니자 그는 나를 아는 척도 하지 않았다. 만약 그때 내가 그처럼 하루 종일 도서관에 처박혀 있었다면 인생이 달라졌을 것이다.

인력중개업소를 운영하는 친구가 있다. 친구는 좋은 일자리가 들어오면 먼저 알선해주고 싶은 사람이 있다고 했다. 음료수 같은 것을 사 들고 오는 사람이 아니라 가족들을 돌봐야 한다는 책임감으로 똘똘 뭉친 사람이다. 그런 사람들은 일도 잘해서 칭찬을 받기 때문이다.

부모와 가족을 생각한다면, 아니 자신의 미래를 생각한다면 게을러지고 싶어도 게을러질 수 없다. 게으름은 미루는 행위다. 미루는 행위가 바로 게으름이다.

당신이 두려워하는 것을 매일 한 가지씩 해야 한다.
Do one thing every day that scares you.
- 미상

행동하지 않는다는 것은 의심과 두려움을 키우는 것이다.
행동은 자신감과 용기를 불러일으킨다.
두려움을 극복하려면 집에 앉아서 생각하지 말고
밖으로 나가 바쁘게 움직여라.

Inaction breeds doubt and fear. Action breeds confidence
and courage. If you want to conquer fear, do not sit
home and think about it. Go out and get busy.

– 데일 카네기(Dale Carnegie, 작가)

Just Do It!
그냥 해!

진실한 사람은 남들을 위해서는 변명거리를 찾지만 자신에 대해서는 일절
변명하지 않는다.

The real man is one who always finds excuses for others, but never
excuses himself.

– 헨리 워드 비처(Henry Ward Beecher, 성직자)

1964년 여름, 여류 조각가 에바 헤세(Eva Hesse)는 창작 활동 중
에 슬럼프에 빠졌다. 자신감을 상실한 그녀는 개념적 미술과 미니
멀리즘으로 유명한 예술가 솔 루윗(Sol Lewitt)에게 자문을 구하는
편지를 보냈다.

이에 솔 르윗은 헤세에게 답장을 보냈다. 다음은 그 편지의 요
약본이다.

친애하는 에바.

… 그러지 마세요.

가끔씩 세상을 향해 "엿 먹어!"라고 소리쳐보세요.

… 생각하는 것을 멈추세요.

… 그냥 대들어 작품을 만들란 말입니다.

… 여기서 더 나가세요.

더 터무니없어지고, 더 미쳐버리고, 더 기계처럼 날뛰고, 유방이든 남성의 성기든 여성의 음기든 그 무엇이라도 마구 작품 속에 채워 넣어보는 겁니다.

… 멋있게 보이려 하지 말고, 차라리 볼품없이 망가지세요. 그런 식으로 당신만의 세상을 살아가는 겁니다.

… 당신은 어리석어지고, 멍청해지고, 생각 없어지고, 텅 비워지는 연습을 해야 합니다.

그러면 당신은 할 수 있게 됩니다.

그냥 하세요!

솔.

에바 헤세는 1970년 34세의 나이에 뇌종양으로 삶을 마감했다. 솔 르윗은 2007년 79세의 나이로 세상을 떠났다.

<hr/>

진실로 뭔가를 하고 싶은 사람은 방법을 찾을 것이다. 그렇지 않은 사람은 변명거리를 궁리할 것이다.

If you really want to do something, you'll find a way. If you don't, you'll find an excuse.

- 짐 론(Jim Rohn, 기업가)

미루는 것은 도움이 안 된다.
공동묘지에는 '내일 할 수 있다'고 생각했던 사람들이 가득 차 있다.
지금 하라!

Delay is not a help-mate.
The cemetary is full of people who thought they could DO IT tomorrow.
Do It Now!

- 이스라엘모어 아이보(Israelmore Ayivor, 저술가)

새우과 고래가 함께 숨쉬는 바다

쫄지 마, 더 잘할 수 있어!
- 미루는 버릇 떨쳐내기

지은이 | 석   필
펴낸이 | 황인원
펴낸곳 | 도서출판 창해

신고번호 | 제2019-000317호

초판 인쇄 | 2020년 06월 12일
초판 발행 | 2020년 06월 19일

우편번호 | 04037
주소 | 서울특별시 마포구 양화로 59, 601호(서교동)
전화 | (02)322-3333(代)
팩시밀리 | (02)333-5678
E-mail | changhaebook@daum.net / dachawon@daum.net

ISBN 978-89-7919-185-1 (03320)

값·14,000원

ⓒ석필, 2020, Printed in Korea

※ 잘못된 책은 구입하신 곳에서 교환해드립니다.

이 도서의 국립중앙도서관 출판예정도서목록(CIP)은 서지정보유통지원시스템 홈페이지(http://seoji.nl.go.kr)와 국가자료종합목록 구축시스템(http://kolis-net.nl.go.kr)에서 이용하실 수 있습니다.(CIP제어번호 : CIP2020021651)

Publishing Club Dachawon(多次元)
창해·다차원북스·나마스테